Marcel Reich-Ranicki

Mein BÜCHNER

| Hoffmann und Campe |

1. Auflage 2009

www.hoca.de
Satz: Pinkuin Satz und Datentechnik, Berlin
Gesetzt aus der Adobe Bembo
Druck und Bindung: GGP Media GmbH, Pößneck
Printed in Germany
ISBN 978-3-455-40211-7

HOFFMANN
UND CAMPE

Ein Unternehmen der
GANSKE VERLAGSGRUPPE

INHALT

VORWORT

Mit meinem Freund Georg Hensel, dem hervorragenden Theaterkritiker, den wir nicht vergessen sollten, unterhielt ich mich immer wieder über Georg Büchner. Ihn verband mit Büchner viel, er kannte ihn sehr genau. Beide stammten sie aus derselben Gegend: Hensel wurde in Darmstadt geboren und lebte dort bis zu seinem Tod im Jahre 1996. Büchner kam aus Goddelau, wuchs aber auch im benachbarten Darmstadt auf. Wir, Hensel und ich, haben ihn geachtet, geschätzt und bewundert. Sagen wir es ruhig gleich – und knapper: Wir haben Büchner geliebt. Er war und blieb der Dichter unserer Jugend.

Von allen großen deutschen Schriftstellern, von allen, die längst als Klassiker gelten und deren Genialität nicht angezweifelt wird, hat niemand so kurz gelebt wie er: Geboren im Oktober 1813, starb Büchner im Februar 1837. Er wurde also 23 Jahre und etwa vier Monate alt.

Seine Werke – drei Bühnenstücke, eine Erzählung und eine Flugschrift, die er übrigens nicht allein geschrieben hat – reichten nur für ein ziemlich dünnes Buch aus. Damit der nach Büchners Tod von seinem Bruder Ludwig herausgegebene Band »Nachgelassene Schriften« doch etwas stattlicher aussah, fügte man Übersetzungen, Schularbeiten, wissenschaftliche und philosophische Aufsätze hinzu sowie Briefe von und an Georg Büchner.

Ich war vierzehn Jahre alt, Obertertianer eines Berliner Gymnasiums und schon ziemlich belesen. Aber von Büchner kannte ich vorerst kaum mehr als seinen Namen. Bald lieh mir ein etwas älterer Freund eine einbändige Dünndruckausgabe Büchners und verwunderte mich mit der Bemerkung: Er beneide mich um das Glück, diesen Autor zum ersten Mal lesen zu können.

Büchner war Poet und Naturwissenschaftler, Künstler und Mediziner zugleich. Er war immer ein kühler, ein unbestechlicher, auch ein ungeduldiger Beobachter des Daseins. Zuerst las ich die Erzählung »Lenz«. Sie handelt von dem Dichter Jakob Michael Reinhold Lenz, dem gescheiterten und gestrandeten Autor des Sturm und Drang. Er lebte von 1751 bis 1792. Goethe hat ihn in »Dichtung und Wahrheit« dargestellt. Lenz, der bis heute nicht vergessene Autor der Dramen »Soldaten« und »Der Hofmeister«, ist in Moskau, wo er eine Stellung bekommen sollte, dem Wahnsinn verfallen und gestorben.

Schon die ersten Sätze dieser Erzählung Büchners ließen mich schaudern: »Den 20. ging Lenz durch's Gebirg ... Müdigkeit spürte er keine, nur war es ihm manchmal unangenehm, dass er nicht auf dem Kopf gehen konnte.« Dann, etwas weiter: »Er war sich selbst ein Traum ... Gegen Abend befiel ihn eine sonderbare Angst, er hätte der Sonne nachlaufen mögen ... Es war ihm als sei er blind; jetzt wuchs sie, der Alp des Wahnsinns setzte sich zu seinen Füßen, der rettungslose Gedanke, als sei alles nur ein Traum.«

»Lenz« ist, ebenso wie alles, was Büchner geschrieben hat, ein bahnbrechendes Werk. Er versuchte und wagte, was man vor ihm in der deutschen Literatur überhaupt nicht und in der Weltliteratur kaum kannte: Er porträtierte einen psychisch kranken, einen wohl unglücklichen, einen unzurechnungsfähigen Menschen.

Der Inhalt: Der offensichtlich Wahnsinnige irrt während eines unheimlichen Unwetters, von Visionen gejagt und gehetzt, einsam durch das Gebirge. Seine Bewusstseinszustände, zumal die Ängste, in die er immer wieder gerät, werden als Reflexe auf die ihn umgebende Natur gezeigt.

Büchner praktiziert hierbei eine damals noch unbekannte

Erzähltechnik: den Perspektivenwechsel, den unmittelbaren Übergang von der Ich- zur Ererzählung. Er profitiert von seinen Medizinkenntnissen, was später auch andere deutsche Schriftsteller, meist unter seinem Einfluss, mit Erfolg getan haben – so vor allem die Ärzte Gottfried Benn, Alfred Döblin und Arthur Schnitzler.

In »Dantons Tod«, den er im Alter von 21 Jahren innerhalb von fünf Wochen verfasst hat, weht der noch nie auf der Bühne so spürbar und bewusst gemachte Geist der Jugend, der heiße Atem der Revolution, der Sturm der Weltgeschichte. Schon als Halbwüchsiger ist Büchner in revolutionäre Umtriebe in Hessen verstrickt – er studierte in Gießen –, er wurde steckbrieflich verfolgt.

Die Revolution hat ihn fasziniert, doch die Sachlichkeit des Naturwissenschaftlers kam ihm sofort ins Gehege. Er war weder ein Anhänger noch ein Gegner der Revolution, er hat sie weder besungen noch verklärt. Wohl aber hat er sie mit wachsender Verwunderung beobachtet und mit Abscheu gezeigt. Sein Thema war die Enttäuschung, die die Revolution hervorrief, war die große Vergeblichkeit.

Die Figuren des »Danton« und des unvollendeten »Woyzeck« sind leidende Kreaturen, die sich häufig nur in Gesprächsfetzen und in Bruchstücken von Monologen äußern können. Der Barbier und Soldat Woyzeck, der von Vorgesetzten und Wissenschaftlern gedemütigt und missbraucht wird, ist Vorbild vieler plebejischer Gestalten in der neueren deutschen Literatur.

Ein ganz anderes Bühnenwerk von Büchner ist das Lustspiel »Leonce und Lena«. Es ist die heiterste und zugleich bitterste Komödie, es ist ein melancholisches Stück, geschrieben mit einer Träne im lachenden Auge.

In der Schule hatte ich mit Büchner etwas Kummer. In der Unter- oder Obersekunda sollten wir einen Hausaufsatz über unseren »Lieblingsschriftsteller« schreiben. Man durfte ein Heft füllen, aber doch nicht mehr. Ich schrieb natürlich über Büchner, füllte sage und schreibe drei Hefte, was geradezu ungehörig war, und glaubte, ein Glanzstück produziert zu haben.

Ich wurde enttäuscht, die Note lautete bloß »im Ganzen gut«, also zwei minus. Die Arbeit sei kein Schulaufsatz mehr, als literarischer Versuch nicht ganz überzeugend, kommentierte der sympathische Lehrer. Dann sah er sich um, ob jemand in der Nähe stand, und fügte leise hinzu: »Wenn Sie Kritiker geworden sind, dann schreiben Sie mir eine Postkarte.« Das hat mir natürlich geschmeichelt.

Aber den entscheidenden Hintergrund hat er mir verschwiegen. Ich erfuhr diesen knapp zwei Jahre später, als ich mich für die mündliche Abiturientenprüfung vorbereiten musste. Jeder Schüler hatte ein Thema vorzuschlagen. Ich wollte es noch einmal mit Büchner versuchen. Der neue Deutschlehrer, ein Nazi, hat es sofort und ohne Begründung abgelehnt. Der Grund: Büchner war im »Dritten Reich« zwar nicht verboten, zählte jedoch als linker Revolutionär zu den, so hieß es unmissverständlich, nicht zu fördernden Autoren. Die Schule hatte ihn zu ignorieren.

Mit Büchner beginnt die moderne deutsche Literatur. Seine Werke führen zum Realismus, zum Naturalismus und zum Expressionismus ebenso wie zum epischen Theater, zum Theater der Surrealisten und zum Dokumentartheater. Büchner führt zu Gerhart Hauptmann, zu Frank Wedekind und zu Ödön von Horvath und schließlich zu Franz Kafka und Bertolt Brecht. Wolfgang Koeppen bekannte: »Georg Büchner war mir am deutschen Himmel immer der nächste von allen Sternen.«

Er war der Dichter meiner Jugend, und er ist bis heute mein Dichter geblieben, wie außer Goethe und Heine kein anderer deutscher Poet.

DRAMEN

DANTON'S TOD

EIN DRAMA

PERSONEN

Georg Danton
Legendre
Camille Desmoulins
Hérault-Séchelles
Lacroix
Philippeau
Fabre D'églantine
Mercier
Thomas Payne
Deputierte
Robespierre
St. Just
Barrère
Collot D'herbois
Billaud-Varennes
›*Amar*‹
›*Vouland*‹
Mitglieder des Wohlfahrtsausschusses
Chaumette, Procurator des Gemeinderats
Dillon, ein General
Fouquier-Tinville, öffentlicher Ankläger
Herrmann
Dumas
Präsidenten des Revolutionstribunals
Paris, ein Freund Dantons
Simon, Souffleur
Laflotte
Julie, Dantons Gattin
Lucile, Gattin des Camille Desmoulins
Rosalie
Adelaide
Marion
Grisetten
Männer und Weiber aus dem Volk, Grisetten, Deputierte, Henker etc.

ERSTER AKT [I,1]

Hérault-Séchelles, einige Damen am Spieltisch. Danton, Julie etwas weiter weg, Danton auf einem Schemel zu den Füßen von Julie

DANTON Sieh die hübsche Dame, wie artig sie die Karten dreht! ja wahrhaftig sie versteht's, man sagt sie halte ihrem Manne immer das cœur und andern Leuten das carreau hin. Ihr könntet einen noch in die Lüge verliebt machen.

JULIE Glaubst du an mich?

DANTON Was weiß ich? Wir wissen wenig voneinander. Wir sind Dickhäuter, wir strecken die Hände nacheinander aus aber es ist vergebliche Mühe, wir reiben nur das grobe Leder aneinander ab, – wir sind sehr einsam.

JULIE Du kennst mich Danton.

DANTON Ja, was man so kennen heißt. Du hast dunkle Augen und lockiges Haar und einen feinen Teint und sagst immer zu mir: lieb Georg. Aber *er deutet ihr auf Stirn und Augen* da da, was liegt hinter dem? Geh, wir haben grobe Sinne. Einander kennen? Wir müßten uns die Schädeldecken aufbrechen und die Gedanken einander aus den Hirnfasern zerren.

EINE DAME Was haben Sie nur mit Ihren Fingern vor?

HÉRAULT Nichts!

DAME Schlagen Sie den Daumen nicht so ein, es ist nicht zum Ansehn.

HÉRAULT Sehn Sie nur, das Ding hat eine ganz eigne Physiognomie.

DANTON Nein Julie, ich liebe dich wie das Grab.

JULIE *sich abwendend:* Oh!

DANTON Nein, höre! Die Leute sagen im Grab sei Ruhe und Grab und Ruhe seien eins. Wenn das ist, lieg' ich in deinem Schoß schon unter der Erde: Du süßes Grab; deine Lippen sind Totenglocken, deine Stimme ist mein Grabgeläute, deine Brust mein Grabhügel und dein Herz mein Sarg.

DAME Verloren!

HÉRAULT Das war ein verliebtes Abenteuer, es kostet Geld wie alle andern.

DAME Dann haben Sie Ihre Liebeserklärungen, wie ein Taubstummer, mit den Fingern gemacht.

HÉRAULT Ei warum nicht? Man will sogar behaupten gerade die würden am Leichtesten verstanden. Ich zettelte eine Liebschaft mit einer Kartenkönigin an, meine Finger waren in Spinnen verwandelte Prinzen, Sie Madame waren die Fee; aber es ging schlecht, die Dame lag immer in den Wochen, jeden Augenblick bekam sie einen Buben. Ich würde meine Tochter dergleichen nicht spielen lassen, die Herren und Damen fallen so unanständig übereinander und die Buben kommen gleich hinten nach.

Camille Desmoulins und Philippeau treten ein.

HÉRAULT Philippeau, welch trübe Augen! Hast du dir ein Loch in die rote Mütze gerissen, hat der heilige Jakob ein böses Gesicht gemacht, hat es während des Guillotinierens geregnet oder hast du einen schlechten Platz bekommen und nichts sehen können?

CAMILLE Du parodierst den Socrates. Weißt du auch, was der Göttliche den Alcibiades fragte, als er ihn eines Tages finster und niedergeschlagen fand? Hast du deinen Schild auf dem Schlachtfeld verloren, bist du im Wettlauf oder im Schwertkampf besiegt worden? Hat ein Andrer besser gesungen oder besser die Zither geschlagen? Welche klassischen Republikaner! Nimm einmal unsere Guillotinenromantik dagegen!

PHILIPPEAU Heute sind wieder zwanzig Opfer gefallen. Wir waren im Irrtum, man hat die Hébertisten nur auf's Schafott geschickt, weil sie nicht systematisch genug verfuhren, vielleicht auch weil die Dezemvirn sich verloren glaubten wenn es nur eine Woche Männer gegeben hätte, die man mehr fürchtete, als sie.

HÉRAULT Sie möchten uns zu Antediluvianern machen. St. Just säh' es nicht ungern, wenn wir wieder auf allen Vieren kröchen, damit uns der Advokat von Arras nach der Mechanik des Genfer Uhrmachers Fallhütchen, Schulbänke und einen Herrgott erfände.

PHILIPPEAU Sie würden sich nicht scheuen zu dem Behuf an Marat's Rechnung noch einige Nulln zu hängen. Wie lange sollen wir noch schmutzig und blutig sein wie neugeborne Kinder, Särge zur Wiege haben und mit Köpfen spielen? Wir müssen vorwärts. Der Gnadenausschuß muß durchgesetzt, die ausgestoßnen Deputierten müssen wieder aufgenommen werden.

HÉRAULT Die Revolution ist in das Stadium der Reorganisation gelangt.
Die Revolution muß aufhören und die Republik muß anfangen. In unsern Staatsgrundsätzen muß das Recht an die Stelle der Pflicht, das Wohlbefinden an die der Tugend und die Notwehr an die der Strafe

treten. Jeder muß sich geltend machen und seine Natur durchsetzen können. Er mag nun vernünftig oder unvernünftig, gebildet oder ungebildet, gut oder böse sein, das geht den Staat nichts an. Wir Alle sind Narren es hat Keiner das Recht einem Andern seine eigentümliche Narrheit aufzudringen. Jeder muß in seiner Art genießen können, jedoch so, daß Keiner auf Unkosten eines Andern genießen oder ihn in seinem eigentümlichen Genuß stören darf.

CAMILLE Die Staatsform muß ein durchsichtiges Gewand sein, das sich dicht an den Leib des Volkes schmiegt. Jedes Schwellen der Adern, jedes Spannen der Muskeln, jedes Zucken der Sehnen muß sich darin abdrücken. Die Gestalt mag nun schön oder häßlich sein, sie hat einmal das Recht zu sein wie sie ist, wir sind nicht berechtigt ihr ein Röcklein nach Belieben zuzuschneiden. Wir werden den Leuten, welche über die nackten Schultern der allerliebsten Sünderin Frankreich den Nonnenschleier werfen wollen, auf die Finger schlagen.

Wir wollen nackte Götter, Bacchantinnen, olympische Spiele, und melodische Lippen: ach, die gliederlösende, böse Liebe!

Wir wollen den Römern nicht verwehren sich in die Ecke zu setzen und Rüben zu kochen aber sie sollen uns keine Gladiatorspiele mehr geben wollen. Der göttliche Epicur und die Venus mit dem schönen Hintern müssen statt der Heiligen Marat und Chalier die Türsteher der Republik werden. Danton du wirst den Angriff im Konvent machen.

DANTON Ich werde, du wirst, er wird. Wenn wir bis dahin noch leben, sagen die alten Weiber. Nach einer Stunde werden 60 Minuten verflossen sein. Nicht wahr mein Junge?

CAMILLE Was soll das hier? das versteht sich von selbst.

DANTON Oh, es versteht sich Alles von selbst. Wer soll denn all die schönen Dinge ins Werk setzen?

PHILIPPEAU Wir und die ehrlichen Leute.

DANTON Das und dazwischen ist ein langes Wort, es hält uns ein wenig weit auseinander, die Strecke ist lang, die Ehrlichkeit verliert den Atem eh wir zusammen kommen. Und wenn auch! – den ehrlichen Leuten kann man Geld leihen, man kann bei ihnen Gevatter stehn und seine Töchter an sie verheiraten, aber das ist Alles!

CAMILLE Wenn du das weißt, warum hast du den Kampf begonnen?

DANTON Die Leute waren mir zuwider. Ich konnte dergleichen gespreizte Katonen nie ansehn, ohne ihnen einen Tritt zu geben. Mein Naturell ist einmal so. *Er erhebt sich.*

JULIE Du gehst?

DANTON *zu Julie:* Ich muß fort, sie reiben mich mit ihrer Politik noch auf.

Im Hinausgehn: Zwischen Tür und Angel will ich euch prophezeien: die Statue der Freiheit ist noch nicht gegossen, der Ofen glüht, wir Alle können uns noch die Finger dabei verbrennen. *Ab.*

CAMILLE Laßt ihn, glaubt ihr er könne die Finger davon lassen, wenn es zum Handeln kömmt?

HÉRAULT Ja, aber bloß zum Zeitvertreib, wie man Schach spielt.

Simon, sein Weib

SIMON *schlägt das Weib:* Du Kuppelpelz, du runzliche Sublimatpille, du wurmstichischer Sündenapfel!

WEIB He Hülfe! Hülfe!

Es kommen Leute gelaufen.

[LEUTE] Reißt sie auseinander! reißt sie auseinander!

SIMON Nein, laßt mich Römer, zerschellen will ich dies Geripp! Du Vestalin!

WEIB Ich eine Vestalin? das will ich sehen, ich.

SIMON So reiß ich von den Schultern dein Gewand,
Nackt in die Sonne schleudr' ich dann dein Aas.
Du Hurenbett, in jeder Runzel deines Leibes nistet Unzucht.

Sie werden getrennt.

ERSTER BÜRGER Was gibt's?

SIMON Wo ist die Jungfrau? sprich! Nein, so kann ich nicht sagen. Das Mädchen! nein auch das nicht; die Frau, das Weib! auch das, auch das nicht! Nur noch ein Name! oh der erstickt mich! Ich habe keinen Atem dafür.

ZWEITER BÜRGER Das ist gut sonst würde der Name nach Schnaps riechen[.]

SIMON Alter Virginius verhülle dein kahl Haupt. Der Rabe Schande sitzt darauf und hackt nach deinen Augen. Gebt mir ein Messer, Römer! *Er sinkt um.*

WEIB Ach, er ist sonst ein braver Mann, er kann nur nicht viel vertragen, der Schnaps stellt ihm gleich ein Bein.

ZWEITER BÜRGER Dann geht er mit dreien.

WEIB Nein, er fällt.

ZWEITER BÜRGER Richtig, erst geht er mit dreien und dann fällt er auf das dritte, bis das dritte selbst wieder fällt.

SIMON Du bist die Vampyrzunge die mein wärmstes Herzblut trinkt.

WEIB Laßt ihn nur, das ist so die Zeit, worin er immer gerührt wird, es wird sich schon geben.

ERSTER BÜRGER Was gibt's denn?

WEIB Seht ihr, ich saß da so auf dem Stein in der Sonne und wärmte mich seht ihr, denn wir haben kein Holz, seht ihr –

ZWEITER BÜRGER So nimm deines Mannes Nase.

WEIB … und meine Tochter war da hinunter gegangen um die Ecke, sie ist ein braves Mädchen und ernährt ihre Eltern.

SIMON Ha sie bekennt!

WEIB Du Judas, hättest du nur ein Paar Hosen hinaufzuziehen, wenn die jungen Herren die Hosen nicht bei ihr herunterließen? Du Branntweinfaß, willst du verdursten, wenn das Brünnlein zu laufen aufhört, he? Wir arbeiten mit allen Gliedern warum denn nicht auch damit; ihre Mutter hat damit geschafft wie sie zur Welt kam und es hat ihr weh getan, kann sie für ihre Mutter nicht auch damit schaffen, he? und tut's ihr auch weh dabei, he? Du Dummkopf!

SIMON Ha Lucrecia! ein Messer, gebt mir ein Messer, Römer! Ha Appius Claudius!

ERSTER BÜRGER Ja ein Messer, aber nicht für die arme Hure, was tat sie? Nichts! Ihr Hunger hurt und bettelt. Ein Messer für die Leute, die das Fleisch unserer Weiber und Töchter kaufen! Weh über die, so mit den Töchtern des Volkes huren! Ihr habt

Kollern im Leib und sie haben Magendrücken, ihr habt Löcher in den Jacken und sie haben warme Röcke, ihr habt Schwielen in den Fäusten und sie haben Samthände. Ergo ihr arbeitet und sie tun nichts, ergo ihr habt's erworben und sie haben's gestohlen; ergo, wenn ihr von eurem gestohlnen Eigentum ein paar Heller wieder haben wollt, müßt ihr huren und bettlen; ergo sie sind Spitzbuben und man muß sie totschlagen.

DRITTER BÜRGER Sie haben kein Blut in den Adern, als was sie uns ausgesaugt haben. Sie haben uns gesagt: schlagt die Aristokraten tot, das sind Wölfe! Wir haben die Aristokraten an die Laternen gehängt. Sie haben gesagt das Veto frißt euer Brot, wir haben das Veto totgeschlagen. Sie haben gesagt die Girondisten hungern euch aus, wir haben die Girondisten guillotiniert. Aber sie haben die Toten ausgezogen und wir laufen wie zuvor auf nackten Beinen und frieren. Wir wollen ihnen die Haut von den Schenkeln ziehen und uns Hosen daraus machen, wir wollen ihnen das Fett auslassen und unsere Suppen mit schmelzen. Fort! Totgeschlagen, wer kein Loch im Rock hat!

ERSTER BÜRGER Totgeschlagen, wer lesen und schreiben kann!

ZWEITER BÜRGER Totgeschlagen, wer auswärts geht!

ALLE *schreien:* totgeschlage, totgeschlage!

Einige schleppen einen jungen Menschen herbei.

EINIGE STIMMEN Er hat ein Schnupftuch! ein Aristokrat! an die Laterne! an die Late[rne]!

ZWEITER BÜRGER Was? er schneuzt sich die Nase nicht mit den Fingern? An die Laterne!

Eine Laterne wird herunter gelassen.

JUNGER MENSCH Ach meine Herren!

ZWEITER BÜRGER Es gibt hier keine Herren! An die Laterne!

EINIGE *singen:* Die da liegen in der Erden,
Von de Würm gefresse werden.
Besser hangen in der Luft,
Als verfaulen in der Gruft!

JUNGER MENSCH Erbarmen!

DRITTER BÜRGER Nur ein Spielen mit einer Hanflocke um den Hals! S'ist nur ein Augenblick, wir sind barmherziger als ihr. Unser Leben ist der Mord durch Arbeit, wir hängen 60 Jahre lang am Strick und zapplen, aber wir werden uns losschneiden. An die Laterne!

JUNGER MENSCH Meinetwegen, ihr werdet deswegen nicht heller sehen!

DIE UMSTEHENDEN Bravo, bravo!

EINIGE STIMMEN Laßt ihn laufen!

Er entwischt.

Robespierre tritt auf, begleitet von Weibern und Ohnehosen.

ROBESPIERRE Was gibt's da Bürger?

DRITTER BÜRGER Was wird's geben? Die paar Tropfen Bluts vom August und September haben dem Volk die Backen nicht rot gemacht. Die Guillotine ist zu langsam. Wir brauchen einen Platzregen.

ERSTER BÜRGER Unsere Weiber und Kinder schreien nach Brot, wir wollen sie mit Aristokratenfleisch füttern. Heh! totgeschlagen wer kein Loch im Rock hat.

ALLE Totgeschlagen! totgeschlagen!

ROBESPIERRE Im Namen des Gesetzes[!]

ERSTER BÜRGER Was ist das Gesetz?

ROBESPIERRE Der Wille des Volks.

ERSTER BÜRGER Wir sind das Volk und wir wollen, daß kein Gesetz sei, ergo ist dieser Wille das Gesetz, ergo im Namen des Gesetzes gibt's kein Gesetz mehr, ergo totgeschlagen!

EINIGE STIMMEN Hört den Aristides, hört den Unbestechlichen!

EIN WEIB Hört den Messias, der gesandt ist zu wählen und zu richten; er wird die Bösen mit der Schärfe des Schwertes schlagen. Seine Augen sind die Augen der Wahl, und seine Hände sind die Hände des Gerichts!

ROBESPIERRE Armes, tugendhaftes Volk! Du tust deine Pflicht, du opferst deine Feinde. Volk du bist groß. Du offenbarst dich unter Blitzstrahlen und Donnerschlägen. Aber Volk deine Streiche dürfen deinen eignen Leib nicht verwunden, du mordest dich selbst in deinem Grimm. Du kannst nur durch deine eigne Kraft fallen. Das wissen deine Feinde. Deine Gesetzgeber wachen, sie werden deine Hände führen, ihre Augen sind untrügbar, deine Hände sind unentrinnbar. Kommt mit zu den Jakobinern. Eure Brüder werden euch ihre Arme öffnen, wir werden ein Blutgericht über unsere Feinde halten.

VIELE STIMMEN Zu den Jakobinern! es lebe Robespierre!

Alle ab.

SIMON Weh mir, verlassen! *Er versucht sich aufzuricht[en].*

WEIB Da! *Sie unterstützt ihn.*

SIMON Ach meine Baucis, du sammelst Kohlen auf mein Haupt.

WEIB Da steh!

SIMON Du wendest dich ab? Ha, kannst du mir vergeben, Porcia? Schlug ich dich? Das war nicht meine Hand, war nicht mein Arm, mein Wahnsinn tat es.
Sein Wahnsinn ist des armen Hamlet Feind
Hamlet tat's nicht, Hamlet verleugnet's.
Wo ist unsre Tochter, wo ist mein Sannchen?

WEIB Dort um das Eck herum[.]

SIMON Fort zu ihr, komm mein tugendreich Gemahl.
Beide ab.

DER JAKOBINERKLUB [I, 3]

EIN LYONER Die Brüder von Lyon senden uns um in eure Brust ihren bittern Unmut auszuschütten. Wir wissen nicht ob der Karren, auf dem Ronsin zur Guillotine fuhr, der Totenwagen der Freiheit war, aber wir wissen, daß seit jenem Tage die Mörder Chalier's wieder so fest auf den Boden treten, als ob es kein Grab für sie gäbe. Habt ihr vergessen, daß Lyon ein Flecken auf dem Boden Frankreichs ist, den man mit den Gebeinen der Verräter zudecken muß? Habt ihr vergessen, daß diese Hure der Könige ihren Aussatz nur in dem Wasser der Rhone abwaschen kann? Habt ihr vergessen, daß dieser revolutionäre Strom die Flotten Pitts im Mittelmeere auf den Leichen der Aristokraten muß stranden machen? Eure Barmherzigkeit mordet die Revolution. Der Atemzug eines Aristokraten ist das Röcheln der Freiheit. Nur ein Feigling stirbt für die Republik, ein Jakobiner tötet für sie. Wißt, finden wir in euch nicht mehr die Spannkraft der Männer des zehnten August, des September und des 31. Mai, so bleibt uns, wie dem Patrioten Gaillard nur der Dolch des Cato.

Beifall und verwirrtes Geschrei.

EIN JAKOBINER Wir werden den Becher des Socrates mit euch trinken!

LEGENDRE *schwingt sich auf die Tribüne:* Wir haben nicht nötig unsere Blicke auf Lyon zu werfen. Die Leute, die seidne Kleider tragen, die in Kutschen fahren, die in den Logen im Theater sitzen und nach dem Diktionär der Akademie sprechen, tragen seit einigen Tagen die Köpfe fest auf den Schultern. Sie sind witzig und sagen man müsse Marat und Chalier zu einem doppelten Märtyrertum verhelfen und sie in effigie guillotinieren.

Heftige Bewegung in der Versammlung.

EINIGE STIMMEN Das sind tote Leute. Ihre Zunge guillotiniert sie.

LEGENDRE Das Blut dieser Heiligen komme über sie. Ich frage die anwesenden Mitglieder des Wohlfahrtsausschusses, seit wann ihre Ohren so taub geworde[n] sind –

COLLOT D'HERBOIS *unterbricht ihn:* Und ich frage dich Legendre, wessen Stimme solchen Gedanken Atem gibt, daß sie lebendig werden und zu sprechen wagen. Es ist Zeit die Masken abzureißen. Hört! die Ursache verklagt ihre Wirkung, der Ruf sein Echo, der Grund seine Folge. Der Wohlfahrtsausschuß versteht mehr Logik, Legendre! Sei ruhig. Die Büsten der Heiligen werden unberührt bleiben, sie werden wie Medusenhäupter die Verräter in Stein verwandlen.

ROBESPIERRE Ich verlange das Wort.

DIE JAKOBINER Hört, hört den Unbestechlichen!

ROBESPIERRE Wir warteten nur auf den Schrei des Unwillens, der von allen Seiten ertönt, um zu sprechen. Unsere Augen waren offen, wir sahen den Feind sich rüsten und sich erheben, aber wir haben das Lärmzeichen nicht gegeben, wir ließen das Volk sich selbst bewachen, es hat nicht geschlafen, es hat an die Waffen geschlagen. Wir ließen den Feind aus seinem Hinterhalt hervorbrechen, wir ließen ihn anrücken, jetzt steht er frei und ungedeckt in der Helle des Tages, jeder Streich wird ihn treffen, er ist tot, sobald ihr ihn erblickt habt.

Ich habe es euch schon einmal gesagt[:] in zwei Abteilungen, wie in 2 Heereshaufen sind die inneren Feinde der Republik zerfallen. Unter Bannern von verschiedener Farbe und auf den verschiedensten Wegen eilen sie alle dem nämlichen Ziele zu. Die eine dieser Faktionen ist nicht mehr. In ihrem affektierten Wahnsinn suchte sie die erprobtesten Patrioten als abgenutzte Schwächlinge bei Seite zu werfen um die Republik ihrer kräftigsten Arme zu berauben. Sie erklärte der Gottheit und dem Eigentum den Krieg um eine Diversion zu Gunsten der Könige zu machen. Sie parodierte das erhabne Drama der Revolution um dieselbe durch studierte Ausschweifungen bloß zu stellen. Héberts Triumph hätte die Republik in ein Chaos verwandelt und der Despotismus war befriedigt. Das Schwert des Gesetzes hat den Verräter getroffen. Aber was liegt den Fremden daran, wenn ihnen Verbrecher einer anderen Gattung zur Erreichung des nämlichen Zwecks bleiben? Wir haben nichts getan, wenn wir noch eine andere Faktion zu vernichten haben. Sie

ist das Gegenteil der vorhergehenden. Sie treibt uns zur Schwäche, ihr Feldgeschrei heißt: Erbarmen! Sie will dem Volk seine Waffen und die Kraft, welche die Waffen führt, entreißen um es nackt und entnervt den Königen zu überantworten.
Die Waffe der Republik ist der Schrecken, die Kraft der Republik ist die Tugend. Die Tugend, weil ohne sie der Schrecken verderblich, der Schrecken, weil ohne ihn die Tugend ohnmächtig ist. Der Schrecken ist ein Ausfluß der Tugend, er ist nichts anders als die schnelle, strenge und unbeugsame Gerechtigkeit. Sie sagen der Schrecken sei die Waffe einer despotischen Regierung, die unsrige gliche also dem Despotismus. Freilich, aber so wie das Schwert in den Händen eines Freiheitshelden dem Säbel gleicht, womit der Satellit der Tyrannen bewaffnet ist. Regiere der Despot seine tierähnlichen Untertanen durch den Schrecken, er hat Recht als Despot, zerschmettert durch den Schrecken die Feinde der Freiheit und ihr habt als Stifter der Republik nicht minder Recht. Die Revolutionsregierung ist der Despotismus der Freiheit gegen die Tyrannei.
Erbarmen mit den Royalisten! rufen gewisse Leute. Erbarmen mit Bösewichten? Nein! Erbarmen für die Unschuld, Erbarmen für die Schwäche, Erbarmen für die Unglücklichen, Erbarmen für die Menschheit. Nur dem friedlichen Bürger gebührt von Seiten der Gesellschaft Schutz. In einer Republik sind nur Republikaner Bürger, Royalisten und Fremde sind Feinde. Die Unterdrücker der Menschheit bestrafen ist Gnade, ihnen verzeihen ist Barbarei. Alle Zeichen einer falschen

Empfindsamkeit, scheinen mir Seufzer, welche nach England oder nach Östreich fliegen.
Aber nicht zufrieden den Arm des Volks zu entwaffnen, sucht man noch die heiligsten Quellen seiner Kraft durch das Laster zu vergiften. Dies ist der feinste, gefährlichste und abscheulichste Angriff auf die Freiheit. Das Laster ist das Kainszeichen des Aristokratismus[.] In einer Republik ist es nicht nur ein moralisches sondern auch ein politisches Verbrechen; der Lasterhafte ist der politische Feind der Freiheit, er ist ihr um so gefährlicher je größer die Dienste sind, die er ihr scheinbar erwiesen. Der gefährlichste Bürger ist derjenige, welcher leichter ein Dutzend rote Mützen verbraucht, als eine gute Handlung vollbringt.
Ihr werdet mich leicht verstehen, wenn ihr an Leute denkt, welche sonst in Dachstuben lebten und jetzt in Karossen fahren und mit ehemaligen Marquisinnen und Baronessen Unzucht treiben. Wir dürfen wohl fragen, ist das Volk geplündert oder sind die Goldhände der Könige gedrückt worden, wenn wir Gesetzgeber des Volks mit allen Lastern und allem Luxus der ehemaligen Höflinge Parade machen, wenn wir diese Marquis und Grafen der Revolution reiche Weiber heiraten, üppige Gastmähler geben, spielen, Diener halten und kostbare Kleider tragen sehen[.] Wir dürfen wohl staunen, wenn wir sie Einfälle haben, schöngeistern und so etwas vom guten Ton bekommen hören. Man hat vor Kurzem auf eine unverschämte Weise den Tacitus parodiert, ich könnte mit dem Sallust antworten und den Catilina travestieren; doch ich denke, ich habe keine Striche mehr nötig, die Portraits sind fertig.

Keinen Vertrag, keinen Waffenstillstand mit den Menschen welche nur auf Ausplündrung des Volkes bedacht waren, welche diese Ausplündrung ungestraft zu vollbringen hofften, für welche die Republik eine Spekulation und die Revolution ein Handwerk war. In Schrecken gesetzt durch den reißenden Strom der Beispiele suchen sie ganz leise die Gerechtigkeit abzukühlen. Man sollte glauben, jeder sage zu sich selbst: wir sind nicht tugendhaft genug um so schrecklich zu sein. Philosophische Gesetzgeber erbarmt euch unsrer Schwäche, ich wage euch nicht zu sagen, daß ich lasterhaft bin, ich sage euch also lieber, seid nicht grausam!

Beruhige dich tugendhaftes Volk, beruhigt euch ihr Patrioten, sagt euern Brüdern zu Lyon, das Schwert des Gesetzes roste nicht in den Händen, denen ihr es anvertraut habt. – Wir werden der Republik ein großes Beispiel geben …

Allgemeiner Beifall.

VIELE STIMMEN Es lebe die Republik, es lebe Rob[espierre]!

PRÄSIDENT Die Sitzung ist aufgehoben.

EINE GASSE [I, 4]

Lacroix, Legendre

LACROIX Was hast du gemacht Legendre, weißt du auch, wem du mit deinen Büsten den Kopf herunter wirfst?

LEGENDRE Einigen Stutzern und eleganten Weibern, das ist Alles.

LACROIX Du bist ein Selbstmörder, ein Schatten, der sein Original und somit sich selbst ermordet.

LEGENDRE Ich begreife nicht.

LACROIX Ich dächte Collot hätte deutlich gesprochen.

LEGENDRE Was macht das? er war wieder betrunken.

LACROIX Narren, Kinder und – nun? – Betrunkne sagen die Wahrheit. Wen glaubst du denn, daß Robespierre mit dem Catilina gemeint habe?

LEGENDRE Nun?

LACROIX Die Sache ist einfach, man hat die Atheisten und Ultrarevolutionärs aufs Schafott geschickt; aber dem Volk ist nicht geholfen es läuft noch barfuß in den Gassen und will sich aus Aristokratenleder Schuhe machen. Der Guillotinenthermometer darf nicht fallen, noch einige Grade und der Wohlfahrtsausschuß kann sich sein Bett auf dem Revolutionsplatz suchen.

LEGENDRE Was haben damit meine Büsten zu schaffen?

LACROIX Siehst du's noch nicht? Du hast die Contrerevolution offiziell bekannt gemacht, du hast die Dezemvirn zur Energie gezwungen, du hast ihnen die Hand geführt. Das Volk ist ein Minotaurus, der wöchentlich seine Leichen haben muß, wenn er sie nicht auffressen soll.

LEGENDRE Wo ist Danton?

LACROIX Was weiß ich? Er sucht eben die mediceische Venus stückweise bei allen Grisetten des palais royal zusammen, er macht Mosaik, wie er sagt; der Himmel weiß bei welchem Glied er gerade ist. Es ist ein Jammer, daß die Natur die Schönheit, wie Medea ihren Bruder, zerstückelt und sie so in Fragmenten in die Körper gesenkt hat. Gehn wir ins palais royal.

Beide ab.

EIN ZIMMER [I, 5]

Danton, Marion

MARION Nein, laß mich! So zu deinen Füßen. Ich will dir erzählen.

DANTON Du könntest deine Lippen besser gebrauchen.

MARION Nein laß mich einmal so. Meine Mutter war eine kluge Frau, sie sagte mir immer die Keuschheit sei eine schöne Tugend, wenn Leute in's Haus kamen und von manchen Dingen zu sprechen anfingen, hieß sie mich aus dem Zimmer gehn; frug ich was die Leute gewollt hätten so sagte sie mir ich solle mich schämen; gab sie mir ein Buch zu lesen so mußt ich fast immer einige Seiten überschlagen. Aber die Bibel las ich nach Belieben, da war Alles heilig, aber es war etwas darin, was ich nicht begriff, ich mochte auch niemand fragen; ich brütete über mir selbst. Da kam der Frühling, es ging überall etwas um mich vor, woran ich keinen Teil hatte. Ich geriet in eine eigne Atmosphäre, sie erstickte mich fast, ich betrachtete meine Glieder, es war mir manchmal, als wäre ich doppelt und verschmölze dann wieder in Eins. Ein junger Mensch kam zu der Zeit in's Haus, er war hübsch und sprach oft tolles Zeug, ich wußte nicht recht, was er wollte, aber ich mußte lachen. Meine Mutter hieß ihn öfters kommen, das war uns Beiden recht. Endlich sahen wir nicht ein, warum wir nicht eben so gut zwischen zwei Bettüchern bei einander liegen, als auf zwei Stühlen neben einander sitzen durften. Ich fand dabei mehr Vergnügen, als bei seiner Unterhaltung und sah nicht ab, warum man mir das geringere gewähren und das größere entziehen wollte. Wir taten's heimlich. Das ging so fort. Aber ich wurde wie ein Meer, was Alles verschlang und sich tiefer und tiefer wühlte. Es war für mich nur ein Gegensatz da, alle Männer verschmolzen in einen Leib. Meine Natur war einmal so, wer kann da drüber hinaus? Endlich merkt' er's. Er kam eines Morgens und küßte mich, als wollte er mich ersticken, seine Arme schnürten sich um meinen Hals, ich war in unsäglicher Angst. Da ließ er mich los und lachte und sagte: er hätte fast einen dummen Streich gemacht, ich solle mein Kleid nur behalten und es brauchen, es würde sich schon von selbst abtragen, er wolle mir den Spaß nicht vor der Zeit verderben, es wäre doch das Einzige, was ich hätte. Dann ging er, ich wußte wieder nicht was er wollte. Den Abend saß ich am Fenster, ich bin sehr reizbar und hänge mit Allem um mich nur durch eine Empfindung zusammen, ich versank in die Wellen der Abendröte. Da kam ein Haufe die Straße herab, die Kinder liefen voraus, die Weiber sahen aus den Fenstern. Ich sah hinunter sie trugen ihn in einem Korb vorbei, der Mond schien auf seine bleiche Stirn, seine Locken waren feucht, er hatte sich ersäuft. Ich mußte weinen. Das war der einzige Bruch in meinem Wesen. Die andern Leute haben Sonn- und Werktage, sie arbeiten 6 Tage und beten am 7ten, sie sind jedes Jahr auf ihren Geburtstag einmal gerührt und denken jedes Jahr auf Neujahr einmal nach. Ich begreife nichts davon. Ich kenne keinen Absatz, keine Veränderung. Ich bin immer nur Eins. Ein ununterbrochnes Sehnen und Fassen, eine Glut, ein Strom. Meine Mutter ist vor

Gram gestorben, die Leute weisen mit Fingern auf mich. Das ist dumm. Es läuft auf eins hinaus, an was man seine Freude hat, an Leibern, Christusbildern, Blumen oder Kinderspielsachen, es ist das nämliche Gefühl, wer am Meisten genießt, betet am Meisten.

DANTON Warum kann ich deine Schönheit nicht ganz in mich fassen, sie nicht ganz umschließen?

MARION Danton, deine Lippen haben Augen.

DANTON Ich möchte ein Teil des Äther sein, um dich in meiner Flut zu baden, um mich auf jeder Welle deines schönen Leibes zu brechen.

Lacroix, Adelaide, Rosalie treten ein.

LACROIX *bleibt in der Tür stehn:* Ich muß lachen, ich muß lachen.

DANTON *unwillig:* Nun?

LACROIX Die Gasse fällt mir ein.

DANTON Und?

LACROIX Auf der Gasse waren Hunde, eine Dogge und ein Bologneser Schoßhündlein, die quälten sich.

DANTON Was soll das?

LACROIX Das fiel mir nu[r] grade so ein und da mußt' ich lachen. Es sah erbaulich aus! Die Mädel guckten aus den Fenstern, man sollte vorsichtig sein und sie nicht einmal in d[er] Sonne sitzen lassen, die Mücken treiben's ihnen sonst auf den Händen, das macht Gedanken.

Legendre und ich sind fast durch alle Zellen gelaufen, die Nönnlein von der Offenbarung durch das Fleisch hingen uns an den Rockschößen und wollten den Segen. Legendre gibt einer die Disziplin, aber er wird einen Monat dafür zu fasten bekommen. Da bringe ich zwei von den Priesterinnen mit dem Leib.

MARION Guten Tag, Demoiselle Adelaide, guten Tag, Demoiselle Rosalie.

ROSALIE Wir hatten schon lange nicht das Vergnügen.

MARION Es war mir recht leid.

ADELAIDE Ach Gott, wir sind Tag und Nacht beschäftigt.

DANTON *zu Rosalie:* Ei Kleine, du hast ja geschmeidige Hüften bekommen.

ROSALIE Ach ja, man vervollkommnet sich täglich.

LACROIX Was ist der Unterschied zwischen dem antiken und einem modernen Adonis?

DANTON Und Adelaide ist sittsam interessant geworden! eine pikante Abwechslung. Ihr Gesicht sieht aus wie ein Feigenblatt, das sie sich vor den ganzen Leib hält. So ein Feigenbaum an einer so gangbaren Straße gibt einen erquicklichen Schatten.

ADELAIDE Ich wäre ein Herdweg, wenn Monsieur –

DANTON Ich verstehe, nur nicht böse mein Fräulein.

LACROIX So höre doch, ein moderner Adonis wird nicht von einem Eber, sondern von Säuen zerrissen, er bekommt seine Wunde nicht am Schenkel sondern in den Leisten und aus seinem Blut sprießen nicht Rosen hervor sondern schießen Quecksilberblüten an.

DANTON Fräulein Rosalie ist ein restaurierter Torso, woran nur die Hüften und Füße antik sind. Sie ist eine Magnetnadel, was der Pol Kopf abstößt, zieht der Pol Fuß an, die Mitte ist ein Äquator, wo jeder eine Sublimattaufe nötig hat, der zum Erstenmal die Linie passiert.

LACROIX Zwei barmherzige Schwestern, jede dient in einem Spital d. h. in ihrem eignen Körper.

ROSALIE Schämen Sie sich, unsere Ohren rot zu machen!

ADELAIDE Sie sollten mehr Lebensart haben.

Adelaide und Rosalie ab.

DANTON Gute Nacht, ihr hübschen Kinder!

LACROIX Gute Nacht, ihr Quecksilbergruben!

DANTON Sie dauern mich, sie kommen um ihr Nachtessen.

LACROIX Höre Danton, ich komme von den Jakobinern.

DANTON Nichts weiter?

LACROIX Die Lyoner verlasen eine Proklamation, sie meinten es bliebe ihnen nichts übrig, als sich in die Toga zu wickeln. Jeder machte ein Gesicht, als wollte er zu seinem Nachbar sagen: Paetus es schmerzt nicht! Legendre schrie man wolle Chalier's und Marat's Büsten zerschlagen; ich glaube er will sich das Gesicht wieder rot machen, er ist ganz aus der Terreur herausgekommen, die Kinder zupfen ihn auf der Gasse am Rock.

DANTON Und Robespierre?

LACROIX Fingerte auf der Tribüne und sagte: die Tugend muß durch den Schrecken herrschen. Die Phrase machte mir Halsweh.

DANTON Sie hobelt Bretter für die Guillotine.

LACROIX Und Collot schrie wie besessen, man müsse die Masken abreißen.

DANTON Da werden die Gesichter mitgehen.

Paris tritt ein.

LACROIX Was gibt's Fabricius?

PARIS Von den Jakobinern weg ging ich zu Robespierre. Ich verlangte eine Erklärung. Er suchte eine Miene zu machen, wie Brutus, der seine Söhne opfert. Er sprach im Allgemeinen von den Pflichten, sagte der Freiheit gegenüber kenne er keine Rücksicht, er würde Alles opfern, sich, seinen Bruder, seine Freunde.

DANTON Das war deutlich, man braucht nur die Skala herumzukehren, so steht er unten und hält seinen Freunden die Leiter. Wir sind Legendre Dank schuldig, er hat sie sprechen gemacht.

LACROIX Die Hébertisten sind noch nicht tot, das Volk ist materiell elend, das ist ein furchtbarer Hebel. Die Schale des Blutes darf nicht steigen, wenn sie dem Wohlfahrtsausschuß nicht zur Laterne werden soll, er hat Ballast nötig, er braucht einen schweren Kopf.

DANTON Ich weiß wohl, – die Revolution ist wie Saturn, sie frißt ihre eignen Kinder. *Nach einigem Besinnen:* Doch, sie werden's nicht wagen.

LACROIX Danton, du bist ein toter Heiliger, aber die Revolution kennt keine Reliquien, sie hat die Gebeine aller Könige auf die Gasse und alle Bildsäulen von den Kirchen geworfen. Glaubst du man würde dich als Monument stehen lassen?

DANTON Mein Name! das Volk!

LACROIX Dein Name! du bist ein Gemäßigter, ich bin einer, Camille, Philippeau, Hérault. Für das Volk sind Schwäche und Mäßigung eins. Es schlägt die Nachzügler tot. Die Schneider von der Sektion der roten Mütze werden die ganze römische Geschichte in ihrer Nadel fühlen, wenn der Mann des September ihnen gegenüber ein Gemäßigter war.

DANTON Sehr wa[h]r, und außerdem – das Volk ist wie ein Kind, es muß Alles zerbrechen, um zu sehen was darin steckt.

LACROIX Und außerdem Danton, sind wir lasterhaft, wie Robespierre sagt d. h. wir genießen, und das Volk ist tugendhaft d. h. es genießt nicht, weil ihm die Arbeit die Genußorgane stumpf macht, es besäuft sich nicht, weil es kein Geld hat und es geht nicht in's Bordell, weil es nach Käs und Hering aus dem Hals stinkt und die Mädel davor einen Ekel haben.

DANTON Es haßt die Genießenden, wie ein Eunuch die Männer.

LACROIX Man nennt uns Spitzbuben und *sich zu den Ohren Dantons neigend* es ist, unter uns gesagt, so halbwegs was Wahres dran. Robespierre und das Volk werden tugendhaft sein, St. Just wird einen Roman schreiben und Barrère wird eine Carmagnole schneidern und dem Convent das Blutmäntelchen umhängen und – ich sehe Alles [–]

DANTON Du träumst. Sie hatten nie Mut ohne mich, sie werden keinen gegen mich haben; die Revolution ist noch nicht fertig, sie könnten mich noch nötig haben, sie werden mich im Arsenal aufheben.

LACROIX Wir müssen handeln.

DANTON Das wird sich finden.

LACROIX Es wird sich finden, wenn wir verloren sind.

MARION *zu Danton:* Deine Lippen sind kalt geworden, deine Worte haben deine Küsse erstickt.

DANTON *zu Marion:* So viel Zeit zu verlieren! Das war der Mühe wert! *Zu Lacroix:* Morgen geh' ich zu Robespierre, ich werde ihn ärgern, da kann er nicht schweigen. Morgen also! Gute Nacht meine Freunde, gute Nacht, ich danke euch.

LACROIX Packt euch, meine guten Freunde, packt euch! Gute Nacht Danton, die Schenkel der Demoiselle guillotinieren dich, der mons Veneris wird dein tarpejischer Fels.
Ab.

EIN ZIMMER [I, 6]

Robespierre, Danton, Paris

ROBESPIERRE Ich sage dir, wer [mir] in den Arm fällt, wenn ich das Schwert ziehe, ist mein Feind, seine Absicht tut nichts zur Sache; wer mich verhindert mich zu verteidigen, tötet mich so gut, als wenn er mich angriffe.

DANTON Wo die Notwehr aufhört fängt der Mord an, ich sehe keinen Grund, der uns länger zum Töten zwänge.

ROBESPIERRE Die soziale Revolution ist noch nicht fertig, wer eine Revolution [nur] zur Hälfte vollendet, gräbt sich selbst sein Grab. Die gute Gesellschaft ist noch nicht tot, die gesunde Volkskraft muß sich an die Stelle dieser nach allen Richtungen abgekitzelten Klasse setzen. Das Laster muß bestraft werden, die Tugend muß durch den Schrecken herrschen.

DANTON Ich verstehe das Wort Strafe nicht.

Mit deiner Tugend Robespierre! Du hast kein Geld genommen, du hast keine Schulden gemacht, du hast bei keinem Weibe geschlafen, du hast immer einen anständigen Rock getragen und dich nie betrunken. Robespierre du bist empörend rechtschaffen. Ich würde mich schämen 30 Jahre lang mit der nämlichen Moralphysiognomie zwischen Himmel und Erde herumzulaufen bloß um des elenden Vergnügens willen Andre schlechter zu finden, als mich.

Ist denn nichts in dir, was dir nicht manchmal ganz leise, heimlich sagte, du lügst, du lügst!

ROBESPIERRE Mein Gewissen ist rein.

DANTON Das Gewissen ist ein Spiegel vor dem ein Affe sich quält; jeder putzt sich wie er kann, und geht auf seine eigne Art auf seinen Spaß dabei aus. Das ist der Mühe wert sich darüber in den Haaren zu liegen. Jeder mag sich wehren, wenn ein Andrer ihm den Spaß verdirbt. Hast du das Recht aus der Guillotine einen Waschzuber für die unreine Wäsche anderer Leute und aus ihren abgeschlagn[en] Köpfen Fleckkugeln für ihre schmutzigen Kleider zu machen, weil du immer einen sauber gebürsteten Rock trägst? Ja, du kannst dich wehren, wenn sie dir drauf spu[c]ken oder Löcher hineinreißen, aber was geht es dich an, so lang sie dich in Ruhe lassen? Wenn sie sich nicht genieren so herum zu gehn, hast du deswegen das Recht sie in's Grabloch zu sperren? Bist du der Polizeisoldat des Himmels? Und kannst du es nicht eben so gut mit ansehn, als dein lieber Herrgott, so halte dir dein Schnupftuch vor die Augen.

ROBESPIERRE Du leugnest die Tugend?

DANTON Und das Laster. Es gibt nur Epikureer und zwar grobe und feine, Christus war der feinste; das ist der einzige Unterschied, den ich zwischen den Menschen herausbringen kann. Jeder handelt seiner Natur gemäß d. h. er tut, was ihm wohl tut. Nicht wahr Unbestechlicher, es ist grausam dir die Absätze so von den Schuhen zu treten?

ROBESPIERRE Danton, das Laster ist zu gewissen Zeiten Hochverrat.

DANTON Du darfst es nicht proskribieren, um's Himmelswillen nicht, das wäre undankbar, du bist ihm zu viel schuldig, durch den Kontrast nämlich.

Übrigens, um bei deinen Begriffen zu bleiben, unsere Streiche müssen der Republik nützlich sein, man darf die Unschuldigen nicht mit den Schuldigen treffen.

ROBESPIERRE Wer sagt dir denn, daß ein Unschuldiger getroffen worden sei?

DANTON Hörst du Fabricius? Es starb kein Unschuldiger! *Er geht, im Hinausgehn zu Paris:* Wir dürfen keinen Augenblick verlieren, wir müssen uns zeigen!

Danton und Paris ab.

ROBESPIERRE *allein:*

Geh nur! Er will die Rosse der Revolution am Bordell halten machen, wie ein Kutscher seine dressierten Gäule; sie werden Kraft genug haben, ihn zum Revolutionsplatz zu schleifen.

Mir die Absätze von den Schuhen treten! Um bei deinen Begriffen zu bleiben! Halt! Halt! Ist's das eigentlich? Sie werden sagen seine gigantische Gestalt hätte zuviel Schatten auf mich geworfen, ich hätte ihn deswegen aus der Sonne gehen heißen.

Und wenn sie Recht hätten?

Ist's denn so notwendig? Ja, ja! die Republik! Er muß weg.

Es ist lächerlich wie meine Gedanken einander beaufsichtigen. Er muß weg. Wer in einer Masse, die vorwärts drängt, stehen bleibt, leistet so gut Widerstand als trät' er ihr entgegen; er wird zertreten.

Wir werden das Schiff der Revolution nicht auf den seichten Berechnungen und den Schlammbänken dieser Leute stranden lassen, wir müssen die Hand

abhauen, die es zu halten wagt und wenn er es mit den Zähnen packte!
Weg mit einer Gesellschaft, die der toten Aristokratie die Kleider ausgezogen und ihren Aussatz geerbt hat.
Keine Tugend! Die Tugend ein Absatz meiner Schuhe! Bei meinen Begriffen!
Wie das immer wieder kommt.
Warum kann ich den Gedanken nicht los werden? Er deutet mit blutigem Finger immer da, da hin! Ich mag so viel Lappen darum wickeln als ich will, das Blut schlägt immer durch. – *Nach einer Pause:* Ich weiß nicht, was in mir das Andere belügt.
Er tritt ans Fenster.
Die Nacht schnarcht über der Erde und wälzt sich im wüsten Traum. Gedanken, Wünsche kaum geahnt, wirr und gestaltlos, die scheu sich vor des Tages Licht verkrochen, empfangen jetzt Form und Gewand und stehlen sich in das stille Haus des Traums. Sie öffnen die Türen, sie sehen aus den Fenstern, sie werden halbwegs Fleisch, die Glieder strecken sich im Schlaf, die Lippen murmeln. – Und ist nicht unser Wachen ein hellerer Traum, sind wir nicht Nachtwandler, ist nicht unser Handeln, wie das im Traum, nur deutlicher, bestimmter, durchgeführter? Wer will uns darum schelten? In einer Stunde verrichtet der Geist mehr Taten des Gedankens, als der träge Organismus unsres Leibes in Jahren nachzutun vermag. Die Sünde ist im Gedanken. Ob der Gedanke Tat wird, ob ihn der Körper nachspielt, das ist Zufall.
St. Just tritt ein.

ROBESPIERRE He, werda im Finstern? He Licht, Licht!

ST. JUST Kennst du meine Stimme?

ROBESPIERRE Ah, du St. Just!

Eine Dienerin bringt Licht.

ST. JUST Warst du allein?

ROBESPIERRE Eben ging Danton weg.

ST. JUST Ich traf ihn unterwegs im palais royal. Er machte seine revolutionäre Stirn und sprach in Epigrammen; er duzte sich mit den Ohnehosen, die Grisetten liefen hinter seinen Waden drein und die Leute blieben stehn und zischelten sich in die Ohren, was er gesagt hatte.
Wir werden den Vorteil des Angriffs verlieren. Willst du noch länger zaudern? Wir werden ohne dich handeln. Wir sind entschlossen.

ROBESPIERRE Was wollt ihr tun?

ST. JUST Wir berufen den Gesetzgebungs, den Sicherheits und den Wohlfahrtsausschuß zu feierlicher Sitzung.

ROBESPIERRE Viel Umstände.

ST. JUST Wir müssen die große Leiche mit Anstand begraben, wie Priester, nicht wie Mörder. Wir dürfen sie nicht zerstücken, all ihre Glieder müssen mit hinunter.

ROBESPIERRE Sprich deutlicher.

ST. JUST Wir müssen ihn in seiner vollen Waffenrüstung beisetzen und seine Pferde und Sklaven auf seinem Grabhügel schlachten. Lacroix –

ROBESPIERRE Ein ausgemachter Spitzbube, gewesner Advokatenschreiber, gegenwärtig Generallieutnant von Frankreich. Weiter.

ST. JUST Hérault-Séchelles.

ROBESPIERRE Ein schöner Kopf.

ST. JUST Er war der schöngemalte Anfangsbuchstaben

der Konstitutionsakte, wir haben dergleichen Zierrat nicht mehr nötig, er wird ausgewischt. Philippeau, Camille

ROBESPIERRE Auch den?

ST. JUST *überreicht ihm ein Papier:* Das dacht' ich. Da lies!

ROBESPIERRE Aha, der alte Franziskaner, sonst nichts? Er ist ein Kind, er hat über euch gelacht.

ST. JUST Lies, hier! hier! *Er zeigt ihm eine Stelle.*

ROBESPIERRE *liest:* »Dieser Blutmessias Robesp[ierre] auf seinem Kalvarienberge zwischen den beiden Schächern Couthon und Collot, auf dem er opfert und nicht geopfert wird. Die Guillotinenbetschwestern stehen wie Maria und Magdalena unten. St. Just liegt ihm wie Johannes am Herzen und macht den Konvent mit den apokalyptischen Offenbarungen des Meisters bekannt, er trägt seinen Kopf wie eine Monstranz.«

ST. JUST Ich will ihn den seinigen wie St. Denis tragen machen.

ROBESPIERRE *liest weiter:* »Sollte man glauben, daß der saubere Frack des Messias das Leichenhemd Frankreichs ist und daß seine dünnen auf der Tribüne herumzuckenden Finger, Guillotinmesser sind?

Und du Barrère, der du gesagt hast, auf dem Revolutionsplatz werde Münze geschlagen. Doch – ich will den alten Sack nicht aufwühlen. Er ist eine Witwe, die schon ein halb Dutzend Männer hatte und sie begraben half. Wer kann was dafür? Das ist so seine Gabe, er sieht den Leuten ein halbes Jahr vor dem Tode das hippokratische Gesicht an. Wer mag sich auch zu Leichen setzen und den Gestank riechen?«

Also auch du Camill[e]?
Weg mit ihnen! Rasch! nur die Toten kommen nicht wieder. Hast du die Anklage bereit?

ST. JUST Es macht sich leicht. Du hast die Andeutungen bei den Jakobinern gemacht.

ROBESPIERRE Ich wollte sie schrecken.

ST. JUST Ich brauche nur durchzuführen, die Fälscher geben das Ei und die Fremden den Apfel ab. Sie sterben an der Mahlzeit, ich gebe dir mein Wort.

ROBESPIERRE Dann rasch, morgen. Keinen langen Todeskampf! Ich bin empfindlich seit einigen Tagen. Nur rasch!
St. Just ab.

ROBESPIERRE *allein:*
Ja wohl, Blutmessias, der opfert und nicht geopfert wird. – Er hat sie mit seinem Blut erlöst und ich erlöse sie mit ihrem eignen. Er hat sie sündigen gemacht und ich nehme die Sünde auf mich. Er hatte die Wollust des Schmerzes und ich habe die Qual des Henkers.
Wer hat sich mehr verleugnet, Ich oder er? –
Und doch ist was von Narrheit in dem Gedanken. –
Was sehen wir nur immer nach dem Einen?
Wahrlich des Menschensohn wird in uns Allen gekreuzigt, wir ringen Alle im Gethsemanegarten im blutigen Schweiß, aber es erlöst Keiner den Andern mit seinen Wunden. – Mein Camille! – Sie gehen Alle von mir – es ist Alles wüst und leer – ich bin allein.

ZWEITER AKT

EIN ZIMMER [II, 1]

Danton, Lacroix, Philippeau, Paris, Camille Desmoulins

CAMILLE Rasch Danton wir haben keine Zeit zu verlieren.

DANTON, *er kleidet sich an:* Aber die Zeit verliert uns. Das ist sehr langweilig immer das Hemd zuerst und dann die Hosen drüber zu ziehen und des Abends in's Bett und Morgens wieder heraus zu kriechen und einen Fuß immer so vor den andern zu setzen, da ist gar kein Absehens wie es anders werden soll. Das ist sehr traurig und daß Millionen es schon so gemacht haben und daß Millionen es wieder so machen werden und, daß wir noch obendrein aus zwei Hälften bestehen, die beide das Nämliche tun, so daß Alles doppelt geschieht. Das ist sehr traurig.

CAMILLE Du sprichst in einem ganz kindlichen Ton.

DANTON Sterbende werden oft kindisch.

LACROIX Du stürzest dich durch dein Zögern in's Verderben, du reißest alle deine Freunde mit dir. Benachrichtige die Feiglinge, daß es Zeit ist sich um dich zu versammlen, fordere sowohl die vom Tale als die vom Berge auf. Schreie über die Tyrannei der Dezemvirn, sprich von Dolchen, rufe Brutus an, dann wirst du die Tribunen erschrecken und selbst die um dich sammeln, die man als Mitschuldige Héberts bedroht. Du mußt dich deinem Zorn überlassen. Laßt uns wenigstens nicht entwaffnet und erniedrigt wie der schändliche Hébert sterben.

DANTON Du hast ein schlechtes Gedächtnis, du nanntest mich einen toten Heiligen. Du hattest mehr Recht, als du selbst glaubtest. Ich war bei den Sektionen, sie waren ehrfurchtsvoll, aber wie Leichenbitter. Ich bin eine Reliquie und Reliquien wirft man auf die Gasse, du hattest Recht.

LACROIX Warum hast du es dazu kommen lassen?

DANTON Dazu? Ja wahrhaftig, es war mir zuletzt langweilig. Immer im nämlichen Rock herumzulaufen und die nämlichen Falten zu ziehen! Das ist erbärmlich. So ein armseliges Instrument zu sein, auf dem eine Saite immer nur einen Ton angibt!

S' ist nicht zum Aushalten. Ich wollte mir's bequem machen. Ich hab' es erreicht, die Revolution setzt mich in Ruhe, aber auf andere Weise, als ich dachte. Übrigens, auf was sich stützen? Unsere Huren könnten es noch mit den Guillotinenbetschwestern aufnehmen, sonst weiß ich nichts. Es läßt sich an den Fingern herzählen: die Jakobiner haben erklärt, daß die Tugend an der Tagesordnung sei, die Cordeliers nennen mich Héberts Henker, der Gemeinderat tut Buße, der Konvent, – das wäre noch ein Mittel! aber es gäbe einen 31. Mai, sie würden nicht gutwillig weichen. Robespierre ist das Dogma der Revolution, es darf nicht ausgestrichen werden. Es ginge auch nicht. Wir haben nicht die Revolution, sondern die Revolution hat uns gemacht.

Und wenn es ginge – ich will lieber guillotiniert werden, als guillotinieren lassen. Ich hab es satt, wozu sollen wir Menschen miteinander kämpfen? Wir sollten uns nebeneinander setzen und Ruhe haben. Es wurde ein Fehler gemacht, wie wir geschaffen worden, es fehlt uns was, ich habe keinen Namen dafür, wir werden es uns einander nicht aus den Eingeweiden herauswühlen, was sollen wir uns drum die Leiber aufbrechen? Geht, wir sind elende Alchymisten.

CAMILLE Pathetischer gesagt würde es heißen: wie lange soll die Menschheit im ewigen Hunger ihre eignen Glieder fressen? oder, wie lange sollen wir Schiffbrüchige auf einem Wrack in unlöschbarem Durst einander das Blut aus den Adern saugen? oder, wie lange sollen wir Algebraisten im Fleisch beim Suchen nach dem unbekannten, ewig verweigerten x unsere Rechnungen mit zerfetzten Gliedern schreiben?

DANTON Du bist ein starkes Echo.

CAMILLE Nicht wahr, ein Pistolenschuß schallt gleich wie ein Donnerschlag. Desto besser für dich, du solltest mich immer bei dir haben.

PHILIPPEAU Und Frankreich bleibt seinen Henkern?

DANTON Was liegt daran? Die Leute befinden sich ganz wohl dabei. Sie haben Unglück, kann man mehr verlangen um gerührt, edel, tugendhaft oder witzig zu sein oder um überhaupt keine Langeweile zu haben?

Ob sie nun an der Guillotine oder am Fieber oder am Alter sterben? Es ist noch vorzuziehen, sie treten mit gelenken Gliedern hinter die Kulissen und können im Abgehen noch hübsch gestikulieren und die Zuschauer klatschen hören. Das ist ganz artig und paßt für uns, wir stehen immer auf dem

Theater, wenn wir auch zuletzt im Ernst erstochen werden.

Es ist recht gut, daß die Lebenszeit ein wenig reduziert wird, der Rock war zu lang, unsere Glieder konnten ihn nicht ausfüllen. Das Leben wird ein Epigramm, das geht an, wer hat auch Atem und Geist genug für ein Epos in 50 oder 60 Gesängen? S' ist Zeit, daß man das bißchen Essenz nicht mehr aus Zübern sondern aus Liqueurgläschen trinkt, so bekommt man doch das Maul voll, sonst konnte man kaum einige Tropfen in dem plumpen Gefäß zusamme[n]rinnen machen.

Endlich – ich müßte schreien, das ist mir der Mühe zuviel, das Leben ist nicht die Arbeit wert, die man sich macht, es zu erhalten.

PARIS So flieh Danton!

DANTON Nimmt man das Vaterland an den Schuhsohlen mit?

Und endlich – und das ist die Hauptsache: sie werden's nicht wagen. *Zu Camille:* Komm mein Junge, ich sage dir sie werden's nicht wagen. Adieu. Adieu!

Danton und Camille ab.

PHILIPPEAU Da geht er hin.

LACROIX Und glaubt kein Wort von dem was er gesagt hat.

Nichts als Faulheit! Er will sich lieber guillotinieren lassen, als eine Rede halten.

PARIS Was tun?

LACROIX Heim gehn und als Lucrecia auf einen anständigen Fall studieren.

Spaziergänger

EIN BÜRGER Meine gute Jaqueline, ich wollte sagen Corn, wollt' ich Cor

SIMON Cornelia, Bürger, Cornelia.

BÜRGER Meine gute Cornelia hat mich mit einem Knäblein erfreut.

SIMON Hat der Republik einen Sohn geboren.

BÜRGER Der Republik, das lautet zu allgemein, man könnte sagen

SIMON Das ist's gerade, das Einzelne muß sich dem Allgemeinen

BÜRGER Ach ja, das sagt meine Frau auch.

BÄNKELSÄNGER Was doch ist, was doch ist
Aller Männer Freud und Lüst?

BÜRGER Ach mit den Namen, da komm ich gar nicht in's Reine.

SIMON Tauf' ihn: Pike, Marat.

BÄNKELSÄNGER Unter Kummer, unter Sorgen
Sich bemühn vom frühen Morgen
Bis der Tag vorüber ist.

BÜRGER Ich hätte gern drei, es ist doch was mit der Zahl drei, und dann was Nützliches und was Rechtliches, jetzt hab' ich's: Pflug, Robespierre. Und dann das dritte?

SIMON Pike.

BÜRGER Ich dank Euch, Nachbar. Pike, Pflug, Robespierre, das sind hübsche Namen, das macht sich schön.

SIMON Ich sage dir, die Brust deiner Cornelia, wird wie das Euter der römischen Wölfin, nein, das geht nicht.

Romulus war ein Tyrann, das geht nicht.

Gehn vorbei.

EIN BETTLER *singt:* Eine Handvoll Erde
und ein wenig Moos
Liebe Herren, schöne Damen!

ERSTER HERR Kerl arbeite, du siehst ganz wohlgenährt aus.

ZWEITER HERR Da! *Er gibt ihm Geld.* Er hat eine Hand wie Samt. Das ist unverschämt.

BETTLER Mein Herr wo habt Ihr Euren Rock her?

ZWEITER HERR Arbeit, Arbeit! Du könntest den nämlichen haben, ich will dir Arbeit geben, komm zu mir, ich wohne

BETTLER Herr, warum habt Ihr gearbeitet?

ZWEITER HERR Narr, um den Rock zu haben.

BETTLER Ihr habt Euch gequält um einen Genuß zu haben, denn so ein Rock ist ein Genuß, ein Lumpen tut's auch.

ZWEITER HERR Freilich, sonst geht's nicht.

BETTLER Daß ich ein Narr wäre. Das hebt einander. Die Sonne scheint warm an das Eck und das geht ganz leicht.

Singt: Eine Handvoll Erde
und ein wenig Moos

ROSALIE *zu Adelaiden:* Mach fort, da kommen Soldaten, wir haben seit gestern nichts Warmes in den Leib gekriegt.

BETTLER Ist auf dieser Erde
einst mein letztes Los!
Meine Herren, meine Damen!

SOLDAT Halt! wo hinaus meine Kinder? *Zu Rosalie:* wie alt bist du?

ROSALIE So alt wie mein kleiner Finger.

SOLDAT Du bist sehr spitz.

ROSALIE Und du sehr stumpf.

SOLDAT So will ich mich an dir wetzen.

Er singt: Christinlein, lieb Christinlein mein,
Tut dir der Schaden weh, Schaden weh,
Schaden weh, Schaden weh!

ROSALIE *singt:* Ach nein, ihr Herrn Soldaten,
Ich hätt' es gerne meh, gerne meh,
Gerne meh, gerne meh!

Danton und Camille treten auf.

DANTON Geht das nicht lustig?
Ich wittre was in der Atmosphäre, es ist als brüte die Sonne Unzucht aus.
Möchte man nicht drunter springen, sich die Hosen vom Leibe reißen und sich über den Hintern begatten wie die Hunde auf der Gasse?
Gehen vorbei.

JUNGER HERR Ach Madame, der Ton einer Glocke, das Abendlicht an den Bäumen, Blinken eines Sterns;

MADAME Der Duft einer Blume, diese natürlichen Freuden, dieser reine Genuß der Natur! *Zu ihrer Tochter:* Sieh, Eugenie, nur die Tugend hat Augen dafür.

EUGENIE *küßt ihrer Mutter die Hand:* Ach Mama, ich sehe nur Sie!

MADAME Gutes Kind!

JUNGER HERR *zischelt Eugenien in's Ohr:* Sehen Sie dort die hübsche Dame mit dem alten Herrn?

EUGENIE Ich kenne sie.

JUNGER HERR Man sagt ihr Friseur habe sie à l'enfant frisiert.

EUGENIE *lacht:* Böse Zunge!

JUNGER HERR Der alte Herr geht neben bei, er sieht

das Knöspchen schwellen und führt es in die Sonne spazieren und meint er sei der Gewitterregen, der es habe wachsen machen.

EUGENIE Wie unanständig, ich hätte Lust rot zu werden.

JUNGER HERR Das könnte mich blaß machen.

DANTON *zu Camille:* Mute mir nur nichts Ernsthaftes zu. Ich begreife nicht warum die Leute nicht auf der Gasse stehen bleiben und einander in's Gesicht lachen. Ich meine sie müßten zu den Fenstern und zu den Gräbern heraus lachen und der Himmel müsse bersten und die Erde müsse sich wälzen vor Lachen.

ERSTER HERR Ich versichre Sie, eine außerordentliche Entdeckung! Alle technischen Künste bekommen dadurch eine andere Physiognomie. Die Menschheit eilt mit Riesenschritten ihrer hohen Bestimmung entgegen.

ZWEITER HERR Haben Sie das neue Stück gesehen? Ein babylonischer Turm! Ein Gewirr von Gewölben, Treppchen, Gängen und das Alles so leicht und kühn in die Luft gesprengt. Man schwindelt bei jedem Tritt.

Ein bizarrer Kopf. *Er bleibt verlegen stehn.*

ERSTER HERR Was haben Sie denn?

ZWEITER HERR Ach nichts! Ihre Hand, Herr! die Pfütze, so! Ich danke Ihnen. Kaum kam ich vorbei, das konnte gefährlich werden!

ERSTER HERR Sie fürchteten doch nicht?

ZWEITER HERR Ja, die Erde ist eine dünne Kruste, ich meine immer ich könnte durchfallen, wo so ein Loch ist. Man muß mit Vorsicht auftreten, man könnte durchbrechen. Aber gehn Sie in's Theater, ich rat' es Ihnen.

EIN ZIMMER [II, 3]

Danton, Camille, Lucile

CAMILLE Ich sage euch, wenn sie nicht Alles in hölzernen Kopien bekommen, verzettelt in Theatern, Konzerten und Kunstausstellungen, so haben sie weder Augen noch Ohren dafür. Schnitzt Einer eine Marionette, wo man den Strick hereinhängen sieht, an dem sie gezerrt wird und deren Gelenke bei jedem Schritt in fünffüßigen Jamben krachen, welch ein Charakter, welche Konsequenz! Nimmt Einer ein Gefühlchen, eine Sentenz, einen Begriff und zieht ihm Rock und Hosen an, macht ihm Hände und Füße, färbt ihm das Gesicht und läßt das Ding sich 3 Akte hindurch herumquälen, bis es sich zuletzt verheiratet oder sich totschießt – ein Ideal! Fiedelt Einer eine Oper, welche das Schweben und Senken im menschlichen Gemüt wiedergibt wie eine Tonpfeife mit Wasser die Nachtigall – ach die Kunst!
Setzt die Leute aus dem Theater auf die Gasse: ach, die erbärmliche Wirklichkeit!
Sie vergessen ihren Herrgott über seinen schlechten Kopisten. Von der Schöpfung, die glühend, brausend und leuchtend, um und in ihnen, sich jeden Augenblick neu gebiert, hören und sehen sie nichts. Sie gehen in's Theater, lesen Gedichte und Romane, schneiden den Fratzen darin die Gesichter nach und sagen zu Gottes Geschöpfen: wie gewöhnlich!
Die Griechen wußten, was sie sagten, wenn sie erzählten Pygmalions Statue sei wohl lebendig geworden, habe aber keine Kinder bekommen.

DANTON Und die Künstler gehn mit der Natur um wie David, der im September die Gemordeten, wie sie aus der Force auf die Gasse geworfen wurden, kaltblütig zeichnete und sagte: ich erhasche die letzten Zuckungen des Lebens in diesen Bösewichtern.

Danton wird hinausgerufen.

CAMILLE Was sagst du Lucile?

LUCILE Nichts, ich seh dich so gern sprechen.

CAMILLE Hörst mich auch?

LUCILE Ei freilich.

CAMILLE Hab ich Recht, weißt du auch, was ich gesagt habe?

LUCILE Nein wahrhaftig nicht.

Danton kömmt zurück.

CAMILLE Was hast du?

DANTON Der Wohlfahrtsausschuß hat meine Verhaftung beschlossen. Man hat mich gewarnt und mir einen Zufluchtsort angeboten.
Sie wollen meinen Kopf, meinetwegen. Ich bin der Hudeleien überdrüssig. Mögen sie ihn nehmen. Was liegt daran? Ich werde mit Mut zu sterben wissen; das ist leichter, als zu leben.

CAMILLE Danton, noch ist's Zeit.

DANTON Unmöglich, – aber ich hätte nicht gedacht

CAMILLE Deine Trägheit!

DANTON Ich bin nicht träg, aber müde. Meine Sohlen brennen mich.

CAMILLE Wo gehst du hin?

DANTON Ja, wer das wüßte!

CAMILLE Im Ernst, wohin?

DANTON Spazieren, mein Junge, spazieren! *Er geht.*

LUCILE Ach Camill[e]!

CAMILLE Sei ruhig, lieb Kind.

LUCILE Wenn ich denke, daß sie dies Haupt! Mein Camille! das ist Unsinn, gelt, ich bin wahnsinnig?

CAMILLE Sei ruhig, Danton und ich sind nicht Eins.

LUCILE Die Erde ist weit und es sind viel Dinge drauf, warum denn grade das eine? Wer sollte mir's nehmen? Das wäre arg. Was wollten sie auch damit anfangen?

CAMILLE Ich wiederhole dir, du kannst ruhig sein. Gestern sprach ich mit Robespierre, er war freundlich. Wir sind ein wenig gespannt, das ist wahr, verschiedne Ansichten, sonst nichts!

LUCILE Such' ihn auf.

CAMILLE Wir saßen auf ein[er] Schulbank. Er war immer finster und einsam. Ich allein suchte ihn auf und machte ihn zuweilen lachen. Er hat mir immer große Anhänglichkeit gezeigt. Ich gehe.

LUCILE So schnell, mein Freund? Geh! Komm! Nur das *sie küßt ihn* und das! Geh! Geh!

Camille ab.

LUCILE Das ist eine böse Zeit. Es geht einmal so. Wer kann da drüber hinaus? Man muß sich fassen.

Singt: Ach Scheiden, ach Scheiden, ach Scheiden
Wer hat sich das Scheiden erdacht?

Wie kommt mir gerad das in Kopf? Das ist nicht gut, daß es den Weg so von selbst findet.

Wie er hinaus ist, war mir's als könnte er nicht mehr umkehren und müsse immer weiter weg von mir, immer weiter.

Wie das Zimmer so leer ist, die Fenster stehn offen, als hätte ein Toter drin gelegen. Ich halt' es da oben nicht aus.

Sie geht.

DANTON Ich mag nicht weiter. Ich mag in dieser Stille mit dem Geplauder meiner Tritte und dem Keuchen meines Atems nicht Lärmen machen. *Er setzt sich nieder, nach einer Pause:* Man hat mir von einer Krankheit erzählt, die einem das Gedächtnis verlieren mache. Der Tod soll etwas davon haben. Dann kommt mir manchmal die Hoffnung, daß er vielleicht noch kräftiger wirke und einem Alles verlieren mache. Wenn das wäre!
Dann lief ich wie ein Christ um meinen Feind d. h. mein Gedächtnis zu retten. Der Ort soll sicher sein, ja für mein Gedächtnis, aber nicht für mich, mir gibt das Grab mehr Sicherheit, es schafft mir wenigstens Vergessen! Es tötet mein Gedächtnis. Dort aber lebt mein Gedächtnis und tötet mich. Ich oder es? Die Antwort ist leicht. *Er erhebt sich und kehrt um.* Ich kokettiere mit dem Tod, es ist ganz angenehm so aus der Entfernung mit dem Lorgnon mit ihm zu liebäugeln. Eigentlich muß ich über die ganze Geschichte lachen. Es ist ein Gefühl des Bleibens in mir, was mir sagt, es wird morgen sein, wie heute, und übermorgen und weiter hinaus ist Alles wie eben. Das ist leerer Lärm, man will mich schrecken, sie werden's nicht wagen. *Ab.*

EIN ZIMMER [II, 5]

Es ist Nacht.

DANTON *am Fenster:* Will denn das nie aufhören? Wird das Licht nie ausglühn und der Schall nie modern, will's denn nie still und dunkel werden, daß wir uns die garstigen Sünden einander nicht mehr anhören und ansehen? – September! –

JULIE *ruft von innen:* Danton! Danton!

DANTON He?

JULIE *tritt ein:* Was rufst du?

DANTON Rief ich?

JULIE Du sprachst von garstigen Sünden und dann stöhntest du: September!

DANTON Ich, ich? Nein, ich sprach nicht, das dacht ich kaum, das waren nur ganz leise heimliche Gedanken.

JULIE Du zitterst Danton.

DANTON Und soll ich nicht zittern, wenn so die Wände plaudern? Wenn mein Leib so zerschellt ist, daß meine Gedanken unstet, umirrend mit den Lippen der Steine reden? Das ist seltsam.

JULIE Georg, mein Georg!

DANTON Ja Julie, das ist sehr seltsam. Ich möchte nicht mehr denken, wenn das gleich so spricht. Es gibt Gedanken Julie, für die es keine Ohren geben sollte. Das ist nicht gut, daß sie bei der Geburt gleich schreien, wie Kinder. Das ist nicht gut.

JULIE Gott erhalte dir deine Sinne, Georg, Georg, erkennst du mich?

DANTON Ei warum nicht, du bist ein Mensch und dann eine Frau und endlich meine Frau, und [die Erde] hat 5 Weltteile, Europa, Asien, Africa, America,

Australien und zweimalzwei macht vier. Ich bin bei Sinnen, siehst du. Schrie's nicht September? Sagtest du nicht so was?

JULIE Ja Danton, durch alle Zimmer hört' ich's.

DANTON Wie ich an's Fenster kam – *er sieht hinaus*, die Stadt ist ruhig, alle Lichter aus

JULIE Ein Kind schreit in der Nähe.

DANTON Wie ich an's Fenster kam – durch alle Gassen schrie und zetert es: September!

JULIE Du träumtest Danton. Faß dich.

DANTON Träumtest? ja ich träumte, doch das war anders, ich will dir es gleich sagen, mein armer Kopf ist schwach, gleich! so jetzt hab ich's! Unter mir keuchte die Erdkugel in ihrem Schwung, ich hatte sie wie ein wildes Roß gepackt, mit riesigen Gliedern wühlt' ich in ihrer Mähne und preßt' ich ihre Rippen, das Haupt abwärts gebückt, die Haare flatternd über dem Abgrund. So ward ich geschleift. Da schrie ich in der Angst, und ich erwachte. Ich trat an's Fenster – und da hört' ich's Julie.
Was das Wort nur will? Warum gerade das, was hab' ich damit zu schaffen. Was streckt es nach mir die blutigen Hände? Ich hab' es nicht geschlagen.
O hilf mir Julie, mein Sinn ist stumpf. War's nicht im September Julie?

JULIE Die Könige waren noch 40 Stunden von Paris …

DANTON Die Festungen gefallen, die Aristokraten in der Stadt,

JULIE Die Republik war verloren.

DANTON Ja verloren. Wir konnten den Feind nicht im Rücken lassen, wir wären Narren gewesen, zwei Feinde auf einem Brett, wir oder sie, der Stärkere stößt den Schwächeren hinunter, ist das nicht billig?

JULIE Ja, ja.

DANTON Wir schlugen sie, das war kein Mord, das war Krieg nach innen.

JULIE Du hast das Vaterland gerettet.

DANTON Ja das hab' ich. Das war Notwehr, wir mußten. Der Mann am Kreuze hat sich's bequem gemacht: es muß ja Ärgernis kommen, doch wehe dem, durch welchen Ärgernis kommt.
Es muß, das war dies Muß. Wer will der Hand fluchen, auf die der Fluch des Muß gefallen? Wer hat das Muß gesprochen, wer? Was ist das, was in uns hurt, lügt, stiehlt und mordet?
Puppen sind wir von unbekannten Gewalten am Draht gezogen; nichts, nichts wir selbst! Die Schwerter, mit denen Geister kämpfen, man sieht nur die Hände nicht wie im Märchen.
Jetzt bin ich ruhig.

JULIE Ganz ruhig, lieb Herz?

DANTON Ja Julie, komm, zu Bette!

STRASSE VOR DANTON'S HAUS [II, 6]

Simon, Bürgersoldaten

SIMON Wie weit ist's in der Nacht?

ERSTER BÜRGER Was in der Nacht?

SIMON Wie weit ist die Nacht?

ERSTER BÜRGER So weit als zwischen Sonnenuntergang und Sonnenaufgang.

SIMON Schuft, wieviel Uhr?

ERSTER BÜRGER Sieh' auf dein Zifferblatt; es ist die Zeit, wo die Perpendikel unter den Bettdecken ausschlagen.

SIMON Wir müssen hinauf! Fort Bürger! Wir haften mit unseren Köpfen dafür. Tot oder lebendig! Er hat gewaltige Glieder. Ich werde vorangehn, Bürger. Der Freiheit eine Gasse!
Sorgt für mein Weib! Eine Eichenkrone werd' ich ihr hinterlassen.

ERSTER BÜRGER Eine Eichelkron? Es sollen ihr ohnehin jeden Tag Eicheln genug in den Schoß fallen.

SIMON Vorwärts Bürger, ihr werdet euch um das Vaterland verdient machen.

ZWEITER BÜRGER Ich wollte das Vaterland machte sich um uns verdient; über all den Löchern, die wir in andrer Leute Kö[r]per machen, ist noch kein einziges in unsern Hosen zugegangen.

ERSTER BÜRGER Willst du, daß dir dein Hosenlatz zuginge? Hä, hä, hä.

DIE ANDERN Hä, hä, hä.

SIMON Fort, fort!
Sie dringen in Danton's Haus.

DER NATIONALKONVENT [II, 7]

Eine Gruppe von Deputierten

LEGENDRE Soll denn das Schlachten der Deputierten nicht aufhören?
Wer ist noch sicher, wenn Danton fällt?

EIN DEPUTIERTER Was tun?

EIN ANDRER Er muß vor den Schranken des Konvent's gehört werden. Der Erfolg dieses Mittels ist sicher, was sollten sie seiner Stimme entgegensetzen?

EIN ANDERER Unmöglich, ein Dekret verhindert uns.

LEGENDRE Es muß zurückgenommen oder eine Ausnahme gestattet werden. Ich werde den Antrag machen. Ich rechne auf eure Unterstützung.

DER PRÄSIDENT Die Sitzung ist eröffnet.

LEGENDRE *besteigt die Tribüne:* Vier Mitglieder des Nationalkonvents sind verflossene Nacht verhaftet worden. Ich weiß, daß Danton einer von ihnen ist, die Namen der Übrigen kenne ich nicht. Mögen sie übrigens sein, wer sie wollen, so verlange ich, daß sie vor den Schranken gehört werden. Bürger, ich erkläre es, ich halte Danton für eben so rein, wie mich selbst und ich glaube nicht, daß mir irgend ein Vorwurf gemacht werden kann. Ich will kein Mitglied des Wohlfahrts oder des Sicherheitsausschusses angreifen, aber gegründete Ursachen lassen mich fürchten Privathaß und Privatleidenschaften könnten der Freiheit Männer entreißen, die ihr die größten Dienste erwiesen haben. Der Mann, welcher im Jahre 1797 Frankreich durch seine Energie rettete, verdient gehört zu werden, er muß sich erklären dürfen wenn man ihn des Hochverrats anklagt.

Heftige Bewegung.

EINIGE STIMMEN Wir unterstützen Legendre's Vorschlag.

EIN DEPUTIERTER Wir sind hier im Namen des Volkes, man kann uns ohne den Willen unserer Wähler nicht von unseren Plätzen reißen.

EIN ANDRER Eure Worte riechen nach Leichen, ihr habt sie den Girondisten aus dem Mund genommen. Wollt ihr Privilegien? Das Beil des Gesetzes schwebt über allen Häuptern.

EIN ANDERER Wir können unsern Ausschüssen nicht

erlauben die Gesetzgeber aus dem Asyl des Gesetzes auf die Guillotine zu schicken.

EIN ANDERER Das Verbrechen hat kein Asyl, nur gekrönte Verbrechen finden eins auf dem Thron.

EIN ANDERER Nur Spitzbuben appellieren an das Asylrecht.

EIN ANDERER Nur Mörder erkennen es nicht an.

ROBESPIERRE Die seit langer Zeit in dieser Versammlung unbekannte Verwirrung, beweist, daß es sich um große Dinge handelt. Heute entscheidet sich's ob einige Männer den Sieg über das Vaterland davon tragen werden. Wie könnt ihr eure Grundsätze weit genug verleugnen, um heute einigen Individuen das zu bewilligen, was ihr gestern Chabot, Delaunay und Fabre verweigert habt? Was soll dieser Unterschied zu Gunsten einiger Männer? Was kümmern mich die Lobsprüche, die man sich selbst und seinen Freunden spendet? Nur zu viele Erfahrungen haben uns gezeigt, was davon zu halten sei. Wir fragen nicht ob ein Mann diese oder jene patriotische Handlung vollbracht habe, wir fragen nach seiner ganzen politischen Laufbahn. Legendre scheint die Namen der Verhafteten nicht zu wissen, der ganze Konvent kennt sie. Sein Freund Lacroix ist darunter. Warum scheint Legendre das nicht zu wissen? Weil er wohl weiß, daß nur die Schamlosigkeit Lacroix verteidigen kann. Er nannte nur Danton, weil er glaubt an diesen Namen knüpfe sich ein Privilegium. Nein, wir wollen keine Privilegien, wir wollen keine Götzen!

Beifall.

Was hat Danton vor Lafayette, vor Dumouriez, vor

Brissot, Fabre, Chabot, Hébert voraus? Was sagt man von diesen, was man nicht auch von ihm sagen könnte? Habt ihr sie gleichwohl geschont? Wodurch verdient er einen Vorzug vor seinen Mitbürgern? Etwa, weil einige betrogne Individuen und Andere, die sich nicht betrügen ließen, sich um ihn reihten um in seinem Gefolge dem Glück und der Macht in die Arme zu laufen? Je mehr er die Patrioten betrogen hat, welche Vertrauen in ihn setzten, desto nachdrücklicher muß er die Strenge der Freiheitsfreunde empfinden.
Man will euch Furcht einflößen vor dem Mißbrauche einer Gewalt, die ihr selbst ausgeübt habt. Man schreit über den Despotismus der Ausschüsse, als ob das Vertrauen, welches das Volk euch geschenkt und das ihr diesen Ausschüssen übertragen habt, nicht eine sichre Garantie ihres Patriotismus wäre. Man stellt sich, als zittre man. Aber ich sage euch, wer in diesem Augenblicke zittert ist schuldig, denn nie zittert die Unschuld vor der öffentlichen Wachsamkeit.
Allgemeiner Beifall.
Man hat auch mich schrecken wollen, man gab mir zu verstehen, daß die Gefahr, indem sie sich Danton nähere, auch bis zu mir dringen könne.
Man schrieb mir, Dantons Freunde hielten mich umlagert in der Meinung die Erinnerung an eine alte Verbindung, der blinde Glauben an erheuchelte Tugenden könnten mich bestimmen meinen Eifer und meine Leidenschaft für die Freiheit zu mäßigen. So erkläre ich denn, nichts soll mich aufhalten, und sollte auch Danton's Gefahr die meinige werden. Wir Alle haben etwas Mut und etwas Seelengröße

nötig. Nur Verbrecher und gemeine Seelen fürchten Ihresgleichen an ihrer Seite fallen zu sehen, weil sie, wenn keine Schar von Mitschuldigen sie mehr versteckt, sich dem Licht der Wahrheit ausgesetzt sehen. Aber wenn es dergleichen Seelen in dieser Versammlung gibt, so gibt es in ihr auch heroische. Die Zahl der Schurken ist nicht groß. Wir haben nur wenige Köpfe zu treffen und das Vaterland ist gerettet.

Beifall.

Ich verlange, daß Legendre's Vorschlag zurückgewiesen werde.

Die Deputierten erheben sich sämtlich um Zeichen allgemeiner Beistimmung.

ST. JUST Es scheint in dieser Versammlung einige empfindliche Ohren zu geben, die das Wort Blut nicht wohl vertragen können. Einige allgemeine Betrachtungen mögen sie überzeugen, daß wir nicht grausamer sind als die Natur und als die Zeit. Die Natur folgt ruhig und unwiderstehlich ihren Gesetzen, der Mensch wird vernichtet, wo er mit ihnen in Konflikt kommt. Eine Veränderung in den Bestandteilen der Luft, ein Auflodern des tellurischen Feuers, ein Schwanken in dem Gleichgewicht einer Wassermasse und eine Seuche, ein vulkanischer Ausbruch, eine Überschwemmung begraben Tausende. Was ist das Resultat? Eine unbedeutende, im großen Ganzen kaum bemerkbare Veränderung der physischen Natur, die fast spurlos vorübergegangen sein würde, wenn nicht Leichen auf ihrem Wege lägen.

Ich frage nun: soll die moralische Natur in ihren Revolutionen mehr Rücksicht nehmen, als die

physische? Soll eine Idee nicht eben so gut wie ein Gesetz der Physik vernichten dürfen, was sich ihr widersetzt? Soll überhaupt ein Ereignis, was die ganze Gestaltung der moralischen Natur d. h. der Menschheit umändert, nicht durch Blut gehen dürfen? Der Weltgeist bedient sich in der geistigen Sphäre unserer Arme eben so, wie er in der physischen Vulkane oder Wasserfluten gebraucht. Was liegt daran ob sie nun an einer Seuche oder an der Revolution sterben? –
Die Schritte der Menschheit sind langsam, man kann sie nur nach Jahrhunderten zählen, hinter jedem erheben sich die Gräber von Generationen. Das Gelangen zu den einfachsten Erfindungen und Grundsätzen hat Millionen das Leben gekostet, die auf dem Wege starben. Ist es denn nicht einfach, daß zu einer Zeit, wo der Gang der Geschichte rascher ist, auch mehr Menschen außer Atem kommen? Wir schließen schnell und einfach: da Alle unter gleichen Verhältnissen geschaffen werden, so sind Alle gleich, die Unterschiede abgerechnet, welche die Natur selbst gemacht hat. Es darf daher jeder Vorzüge und darf daher Keiner Vorrechte haben, weder ein Einzelner, noch eine geringere oder größere Klasse von Individuen. Jedes Glied dieses in der Wirklichkeit angewandten Satzes hat seine Menschen getötet. Der 14. Juli, der 10. August, der 31. Mai sind seine Interpunktionszeichen. Er hatte vier Jahre Zeit nötig um in der Körperwelt durchgeführt zu werden, und unter gewöhnlichen Umständen hätte er Jahrhunderte dazu gebraucht und wäre mit Generationen interpunktiert worden. Ist es da so zu verwundern, daß der Strom der

Revolution bei jedem Absatz bei jeder neuen Krümmung seine Leichen ausstößt?
Wir werden unserm Satze noch einige Schlüsse hinzuzufügen haben, sollen einige Hundert Leichen uns verhindern sie zu machen?
Moses führte sein Volk durch das rote Meer und in die Wüste bis die alte verdorbne Generation sich aufgerieben hatte, eh' er den neuen Staat gründete. Gesetzgeber! Wir haben weder das rote Meer noch die Wüste aber wir haben den Krieg und die Guillotine.
Die Revolution ist wie die Töchter des Pelias; sie zerstückt die Menschheit um sie zu verjüngen.
Die Menschheit wird aus dem Blutkessel wie die Erde aus den Wellen der Sündflut mit urkräftigen Gliedern sich erheben, als wäre sie zum Erstenmale geschaffen.
Langer, anhaltender Beifall.
Einige Mitglieder erheben sich im Enthusiasmus.

ST. JUST Alle geheimen Feinde der Tyrannei, welche in Europa und auf dem ganzen Erdkreise den Dolch des Brutus unter ihren Gewändern tragen, fordern wir auf diesen erhabenen Augenblick mit uns zu teilen.
Die Zuhörer und die Deputierten stimmen die Marseillaise an.

DRITTER AKT

DAS LUXEMBURG
EIN SAAL MIT GEFANGNEN [III, 1]

Chaumette, Payne, Mercier, Hérault de Séchelles und andre Gefangne

CHAUMETTE *zupft Payne am Ärmel:* Hören Sie Payne es könnte doch so sein, vorhin überkam es mich so; ich habe heute Kopfweh, helfen Sie mir ein wenig mit Ihren Schlüssen, es ist mir ganz unheimlich zu Mut.

PAYNE So komm Philosoph Anaxagoras ich will dich katechisieren. Es gibt keinen Gott, denn: entweder hat Gott die Welt geschaffen oder nicht. Hat er sie nicht geschaffen so hat die Welt ihren Grund in sich und es gibt keinen Gott, da Gott nur dadurch Gott wird, daß er den Grund alles Seins enthält. – Nun kann aber Gott die Welt nicht geschaffen haben, denn entweder ist die Schöpfung ewig wie Gott, oder sie hat einen Anfang. Ist Letzteres der Fall so muß Gott sie zu einem bestimmten Zeitpunkt geschaffen haben, Gott muß also nach dem er eine Ewigkeit geruht einmal tätig geworden sein, muß also einmal eine Veränderung in sich erlitten haben, die den Begriff Zeit auf ihn anwenden läßt, was Beides gegen das Wesen Gottes streitet. Gott kann also die Welt nicht geschaffen haben. Da wir nun aber sehr deutlich wissen, daß die Welt oder daß unser Ich wenigstens vorhanden ist und daß sie dem Vorhergehenden nach also auch ihren Grund in sich oder in etwas haben muß, das nicht Gott ist, so kann es keinen Gott geben – quod erat demonstrandum.

CHAUMETTE Ei wahrhaftig, das gibt mir wieder Licht, ich danke, danke.

MERCIER Halten Sie, Payne, wenn aber die Schöpfung ewig ist?

PAYNE Dann ist sie schon keine Schöpfung mehr, dann ist sie Eins mit Gott oder ein Attribut desselben, wie Spinoza sagt, dann ist Gott in Allem, in Ihnen Wertester, im Philosoph Anaxagoras und in mir; das wäre so übel nicht, aber Sie müssen mir zugestehen, daß es gerade nicht viel um die himmlische Majestät ist, wenn der liebe Herrgott in jedem von uns Zahnweh kriegen, den Tripper haben, lebendig begraben werden oder wenigstens die sehr unangenehmen Vorstellungen davon haben kann.

MERCIER Aber eine Ursache muß doch da sein.

PAYNE Wer leugnet dies; aber wer sagt Ihnen denn, daß diese Ursache das sei, was wir uns als Gott d. h. als das Vollkommne denken? Halten Sie die Welt für vollkommen?

MERCIER Nein.

PAYNE Wie wollen Sie denn aus einer unvollkomme-[nen] Wirkung auf eine vollkommne Ursache schließen?

Voltaire wagte es eben so wenig mit Gott, als mit den Königen zu verderben, deswegen tat er es. Wer einmal nichts hat als Verstand und ihn nicht einmal konsequent zu gebrauchen weiß oder wagt, ist ein Stümper.

MERCIER Ich frage dagegen kann eine vollkommne Ursache eine vollkommne Wirkung haben d. h. kann etwas Vollkommnes, was Vollkommnes schaffen? Ist das nicht unmöglich, weil das Geschaffne doch nie seinen Grund in sich haben kann, was doch wie Sie sagten zur Vollkommenheit gehört?

CHAUMETTE Schweigen Sie! Schweigen Sie!

PAYNE Beruhige dich Philosoph. Sie haben Recht; aber muß denn Gott einmal schaffen, kann er nur was Unvollkommnes schaffen, so läßt er es gescheuter ganz bleiben. Ist's nicht sehr menschlich, uns Gott nur als schaffend denken zu können? Weil wir uns immer regen und schütteln müssen um uns nur immer sagen zu können: wir sind! müssen wir Gott auch dies elende Bedürfnis andichten? Müssen wir, wenn sich unser Geist in das Wesen einer harmonisch in sich ruhenden, ewigen Seligkeit versenkt, gleich annehmen sie müsse die Finger ausstrecken und über Tisch Brotmännchen kneten? aus überschwenglichem Liebesbedürfnis, wie wir uns ganz geheimnisvoll in die Ohren sagen. Müssen wir das Alles, bloß um uns zu Göttersöhnen zu machen? Ich nehme mit einem geringem Vater vorlieb, wenigstens werd' ich ihm nicht nachsagen können, daß er mich unter seinem Stande in Schweinställen oder auf den Galeeren habe erziehen lassen. Schafft das Unvollkommne weg, dann allein [könnt ihr] Gott demonstrieren, Spinoza hat es versucht. Man kann das Böse leugnen, aber nicht den Schmerz; nur der Verstand kann Gott beweisen, das Gefühl empört sich dagegen. Merke dir es, Anaxagoras, warum leide ich? Das ist der Fels des Atheismus. Das leiseste Zucken des Schmerzes und rege es sich nur in einem Atom, macht einen Riß in der Schöpfung von oben bis unten.

MERCIER Und die Moral?

PAYNE Erst beweist ihr Gott aus der Moral und dann die Moral aus Gott. Was wollt ihr denn mit eurer Moral? Ich weiß nicht ob es an und für sich was Böses oder was Gutes gibt, und habe deswegen doch nicht nötig meine Handlungsweise zu ändern. Ich handle meiner Natur gemäß, was ihr angemessen, ist für mich gut und ich tue es und was ihr zuwider, ist für mich bös und ich tue es nicht und verteidige mich dagegen, wenn es mir in den Weg kommt. Sie können, wie man so sagt, tugendhaft bleiben und sich gegen das sogenannte Laster wehren, ohne deswegen ihre Gegner verachten zu müssen, was ein gar trauriges Gefühl ist.

CHAUMETTE Wahr, sehr wahr!

HÉRAULT O Philosoph Anaxagoras, man könnte aber auch sagen, damit Gott Alles sei, müsse er auch sein eignes Gegenteil sein, d. h. vollkommen und unvollkommen, bös und gut, selig und leidend, das Resultat freilich würde gleich Null sein, es würde sich gegenseitig heben, wir kämen zum Nichts.
Freue dich, du kömmst glücklich durch, du kannst ganz ruhig in Madame Momoro das Meisterstück der Natur anbeten, wenigstens hat sie dir die Rosenkränze dazu in den Leisten gelassen.

CHAUMETTE Ich danke Ihnen verbindlichst, meine Herren.
Ab.

PAYNE Er traut noch nicht, er wird sich zu guter Letzt noch die Ölung geben, die Füße nach Mecca zu legen, und sich beschneiden lassen um ja keinen Weg zu verfehlen.

Danton, Lacroix, Camille, Philippeau werden hereingeführt.

HÉRAULT *läuft auf Danton zu und umarmt ihn:* Guten Morgen, gute Nacht sollte ich sagen. Ich kann nicht fragen, wie hast du geschlafen. Wie wirst du schlafen?

DANTON Nun gut, man muß lachend zu Bett gehn.

MERCIER *zu Payne:* Diese Dogge mit Taubenflügeln! Er ist der böse Genius der Revolution, er wagte sich an seine Mutter, aber sie war stärker als er.

PAYNE Sein Leben und sein Tod sind ein gleich großes Unglück.

LACROIX *zu Danton:* Ich dachte nicht, daß sie so schnell kommen würden.

DANTON Ich wußt' es, man hatte mich gewarnt.

LACROIX Und du hast nichts gesagt?

DANTON Zu was? Ein Schlagfluß ist der beste Tod, wolltest du zuvor krank sein? Und – ich dachte nicht, daß sie es wagen würden.
Zu Hérault: Es ist besser sich in die Erde legen, als sich Leichdörner auf ihr laufen; ich habe sie lieber zum Kissen, als zum Schemel.

HÉRAULT Wir werden wenigstens nicht mit Schwielen an den Fingern der hübschen Dame Verwesung die Wangen streicheln.

CAMILLE *zu Danton:* Gib dir nur keine Mühe.
Du magst die Zunge noch so weit zum Hals heraushängen, du kannst dir damit doch nicht den Todesschweiß von der Stirne lecken. O Lucile! das ist ein großer Jammer.

Die Gefangnen drängen sich um die neu Angekommenen.

DANTON *zu Payne:* Was Sie für das Wohl Ihres Landes getan, habe ich für das meinige versucht. Ich war weniger glücklich, man schickt mich auf's Schafott, meinetwegen, ich werde nicht stolpern.

MERCIER *zu Danton:* Das Blut der zwei und zwanzig ersäuft dich.

EIN GEFANGENER *zu Hérault:* Die Macht des Volkes und die Macht der Vernunft sind eins.

EIN ANDRER *zu Camille:* Nun Generalprokurator der Laterne, deine Verbesserung der Straßenbeleuchtung hat in Frankreich nicht heller gemacht.

EIN ANDRER Laßt ihn! Das sind die Lippen, welche das Wort Erbarmen gesprochen. *Er umarmt Camille, mehrere Gefangene folgen seinem Beispiel.*

PHILIPPEAU Wir sind Priester, die mit Sterbenden gebetet haben, wir sind angesteckt worden und sterben an der nämlichen Seuche.

EINIGE STIMMEN Der Streich, der euch trifft, tötet uns Alle.

CAMILLE Meine Herren ich beklage sehr, daß unsere Anstrengungen so fruchtlos waren, ich gehe auf's Schafott, weil mir die Augen über das Los einiger Unglücklichen naß geworden.

EIN ZIMMER [III, 2]

Fouquier-Tinville, Herrmann

FOUQUIER Alles bereit?

HERRMANN Es wird schwer halten; wäre Danton nicht darunter, so ginge es leicht.

FOUQUIER Er muß vortanzen.

HERRMANN Er wird die Geschwornen erschrecken; er ist die Vogelscheuche der Revolution.

FOUQUIER Die Geschwornen müssen wollen.

HERRMANN Ein Mittel wüßt' ich, aber es wird die gesetzliche Form verletzen.

FOUQUIER Nur zu.

HERRMANN Wir losen nicht, sondern suchen die Handfesten aus.

FOUQUIER Das muß gehen. Das wird ein gutes Heckefeuer geben. Es sind ihrer neunzehn. Sie sind geschickt zusammengewörfelt. Die vier Fälscher, dann einige Banquiers und Fremde. Es ist ein pikantes Gericht. Das Volk braucht dergleichen. Also zuverlässige Leute! Wer z. B.?

HERRMANN Leroi, er ist taub und hört daher nichts von All dem, was die Angeklagten vorbringen, Danton mag sich den Hals bei ihm rauh schreien.

FOUQUIER Sehr gut. Weiter!

HERRMANN Vilatte und Lumière, der eine sitzt immer in der Trinkstube und der andere schläft immer, beide öffnen den Mund nur, um das Wort: schuldig! zu sagen. Girard hat den Grundsatz, es dürfe Keiner entwischen, der einmal vor das Tribunal gestellt sei. Renaudin,

FOUQUIER Auch der? Er half einmal einigen Pfaffen durch.

HERRMANN Sei ruhig, vor einigen Tagen kommt er zu mir und verlangt man solle allen Verurteilten vor der Hinrichtung zur Ader lassen um sie ein wenig matt zu machen, ihre meist trotzige Haltung ärgere ihn.

FOUQUIER Ach sehr gut. Also ich verlasse mich.

HERRMANN Laß mich nur machen.

DAS LUXEMBURG
EIN KORRIDOR [III, 3]

Lacroix, Danton, Mercier und andre Gefangene auf und ab gehend.

LACROIX *zu einem Gefangnen:* Wie, so viel Unglückliche, und in einem so elenden Zustande?

DER GEFANGNE Haben Ihnen die Guillotinenkarren nie gesagt, daß Paris eine Schlachtbank sei?

MERCIER Nicht wahr, Lacroix? Die Gleichheit schwingt ihre Sichel über allen Häuptern, die Lava der Revolution fließt, die Guillotine republikanisiert! Da klatschen die Galerien und die Römer reiben sich die Hände, aber sie hören nicht, daß jedes dieser Worte das Röcheln eines Opfers ist. Geht einmal euren Phrasen nach, bis zu dem Punkt wo sie verkörpert werden.
Blickt um euch, das Alles habt ihr gesprochen, es ist eine mimische Übersetzung eurer Worte. Diese Elenden, ihre Henker und die Guillotine sind eure lebendig gewordnen Reden. Ihr bautet eure Systeme, wie Bajazet seine Pyramiden, aus Menschenköpfen.

DANTON Du hast Recht.
Man arbeitet heut zu Tag Alles in Menschenfleisch. Das ist der Fluch unserer Zeit. Mein Leib wird jetzt auch verbraucht.
Es ist jetzt ein Jahr, daß ich das Revolutionstribunal schuf. Ich bitte Gott und Menschen dafür um Verzeihung, ich wollte neuen Septembermorden zuvorkommen, ich hoffte die Unschuldigen zu retten, aber dies langsame Morden mit

seinen Formalitäten ist gräßlicher und eben so unvermeidlich. Meine Herren ich hoffte Sie Alle diesen Ort verlassen zu machen.

MERCIER Oh, herausgehen werden wir.

DANTON Ich bin jetzt bei Ihnen, der Himmel weiß wie das enden soll.

DAS REVOLUTIONSTRIBUNAL [III, 4]

HERRMANN *zu Danton:* Ihr Name, Bürger.

DANTON Die Revolution nennt meinen Namen. Meine Wohnung ist bald im Nichts und mein Namen im Pantheon der Geschichte.

HERRMANN Danton, der Konvent beschuldigt Sie, mit Mirabeau, mit Dumouriez, mit Orléans, mit den Girondisten, den Fremden und der Faktion Ludwig des 17. konspiriert zu haben.

DANTON Meine Stimme, die ich so oft für die Sache des Volkes ertönen ließ, wird ohne Mühe die Verleumdung zurückweisen. Die Elenden, welche mich anklagen, mögen hier erscheinen und ich werde sie mit Schande bedecken. Die Ausschüsse mögen sich hierher begeben, ich werde nur vor ihnen antworten. Ich habe sie als Kläger und als Zeugen nötig. Sie mögen sich zeigen.
Übrigens, was liegt mir an euch und eurem Urteil. Ich hab' es euch schon gesagt das Nichts wird bald mein Asyl sein – das Leben ist mir zur Last, man mag mir es entreißen, ich sehne mich danach es abzuschütteln.

HERRMANN Danton, die Kühnheit ist dem Verbrechen, die Ruhe der Unschuld eigen.

DANTON Privatkühnheit ist ohne Zweifel zu tadeln, aber jene Nationalkühnheit, die ich so oft gezeigt, mit welcher ich so oft für die Freiheit gekämpft habe, ist die verdienstvollste aller Tugenden. Sie ist meine Kühnheit, sie ist es, der ich mich hier zum Besten der Republik gegen meine erbärmlichen Ankläger bediene. Kann ich mich fassen, wenn ich mich auf eine so niedrige Weise verleumdet sehe? Von einem Revolutionär, wie ich darf man keine kalte Verteidigung erwarten; Männer meines Schlages sind in Revolutionen unschätzbar, auf ihrer Stirne schwebt das Genie der Freiheit.

Zeichen von Beifall unter den Zuhörern.

Mich klagt man an mit Mirabeau, mit Dumouriez, mit Orléans konspiriert, zu den Füßen elender Despoten gekrochen zu haben, mich fordert man auf vor der unentrinnbaren, unbeugsamen Gerechtigkeit zu antworten.

Du elender St. Just wirst der Nachwelt für diese Lästerung verantwortlich sein!

HERRMANN Ich fordere Sie auf mit Ruhe zu antworten, gedenken Sie Marat's, er trat mit Ehrfurcht vor seine Richter.

DANTON Sie haben die Hände an mein ganzes Leben gelegt, so mag es sich denn aufrichten und ihnen entgegentreten, unter dem Gewichte jeder meiner Handlungen werde ich sie begraben.

Ich bin nicht stolz darauf. Das Schicksal führt uns die Arme, aber nur gewaltige Naturen sind seine Organe.

Ich habe auf dem Marsfelde dem Königtume den Krieg erklärt, ich habe es am 10. August geschlagen, ich habe es am 21. Januar getötet und den Königen

einen Königskopf als Fehdehandschuh hingeworfen.
Wiederholte Zeichen von Beifall.
Er nimmt die Anklageakte. Wenn ich einen Blick auf diese Schandschrift werfe fühle ich mein ganzes Wesen beben. Wer sind denn die, welche Danton nötigen mußten sich an jenem denkwürdigen Tage (dem 10. August) zu zeigen? Wer sind denn die privilegierten Wesen, von denen er seine Energie borgte? Meine Ankläger mögen erscheinen! Ich bin ganz bei Sinnen, wenn ich es verlange. Ich werde die platten Schurken entlarven und sie in das Nichts zurückschleudern, aus dem sie nie hätten hervorkriechen sollen.

HERRMANN *schellt:* Hören Sie die Klingel nicht?

DANTON Die Stimme eines Menschen, welcher seine Ehre und sein Leben verteidigt, muß deine Schelle überschreien.
Ich habe im September die junge Brut der Revolution mit den zerstückten Leibern der Aristokraten geatzt. Meine Stimme hat aus dem Golde der Aristokraten und Reichen dem Volke Waffen geschmiedet. Meine Stimme war der Orkan, welcher die Satelliten des Despotismus unter Wogen von Bajonetten begrub.
Lauter Beifall.

HERRMANN Danton, Ihre Stimme ist erschöpft, Sie sind zu heftig bewegt. Sie werden das Nächstemal Ihre Verteidigung beschließen. Sie haben Ruhe nötig. Die Sitzung ist aufgehoben.

DANTON Jetzt kennt Ihr Danton; noch wenige Stunden und er wird in den Armen des Ruhmes entschlummern.

DAS LUXEMBURG

EIN KERKER [III, 5]

Dillon, Laflotte, ein Gefangenwärter

DILLON Kerl leuchte mir mit deiner Nase nicht so in's Gesicht. Hä, hä, hä!

LAFLOTTE Halte den Mund zu, deine Mondsichel hat einen Hof. Hä, hä, hä.

WÄRTER Hä, hä, hä. Glaubt Ihr, Herr, daß Ihr bei ihrem Schein lesen könntet? *Zeigt auf einen Zettel, den er in der Hand hält.*

DILLON Gib her!

WÄRTER Herr, meine Mondsichel hat Ebbe bei mir gemacht.

LAFLOTTE Deine Hosen sehen aus, als ob Flut wäre.

WÄRTER Nein, sie zieht Wasser. *Zu Dillon:* Sie hat sich vor Eurer Sonne verkrochen, Herr, Ihr müßt mir was geben, das sie wieder feurig macht, wenn Ihr dabei lesen wollt.

DILLON Da Kerl! Pack dich. *Er gibt ihm Geld. Wärter ab.*

DILLON *liest:* Danton hat das Tribunal erschreckt, die Geschwornen schwanken, die Zuhörer murrten. Der Zudrang war außerordentlich. Das Volk drängte sich um den Justizpalast und stand bis zu den Brücken. Eine Hand voll Geld, ein Arm endlich, hm! hm! *Er geht auf und ab und schenkt sich von Zeit zu Zeit aus einer Flasche ein.* Hätt' ich nur den Fuß auf der Gasse. Ich werde mich nicht so schlachten lassen. Ja, nur den Fuß auf der Gasse!

LAFLOTTE Und auf dem Karren, das ist eins.

DILLON Meinst du? Da lägen noch ein Paar Schritte dazwischen, lang genug um sie mit den Leichen der

Dezemvirn zu messen. – Es ist endlich Zeit, daß die rechtschaffnen Leute das Haupt erheben.

LAFLOTTE *für sich:* Desto besser, um so leichter ist es zu treffen. Nur zu Alter, noch einige Gläser und ich werde flott.

DILLON Die Schurken, die Narren sie werden sich zuletzt noch selbst guillotinieren. *Er läuft auf und ab.*

LAFLOTTE *bei Seite:* Man könnte das Leben ordentlich wieder lieb haben, wie sein Kind, wenn man sich's selbst gegeben. Das kommt gerade nicht oft vor, daß man so mit dem Zufall Blutschande treiben und sein eigner Vater werden kann. Vater und Kind zugleich. Ein behaglicher Oedipus!

DILLON Man füttert das Volk nicht mit Leichen, Danton's und Camille's Weiber mögen Assignaten unter das Volk werfen, das ist besser als Köpfe.

LAFLOTTE Ich würde mir hintennach die Augen nicht ausreißen, ich könnte sie nötig haben um den guten General zu beweinen.

DILLON Die Hand an Danton! Wer ist noch sicher? Die Furcht wird sie vereinigen.

LAFLOTTE Er ist doch verloren. Was ist's denn, wenn ich auf eine Leiche trete um aus dem Grab zu klettern?

DILLON Nur den Fuß auf der Gasse! Ich werde Leute genug finden, alte Soldaten, Girondisten, Exadlige, wir erbrechen die Gefängnisse, wir müssen uns mit den Gefangnen verständigen.

LAFLOTTE Nun freilich, es riecht ein wenig nach Schufterei. Was tut's? Ich hätte Lust auch das zu versuchen, ich war bisher zu einseitig. Man bekommt Gewissensbisse, das ist doch eine Abwechslung, es ist nicht so unangenehm seinen eignen Gestank zu riechen.

Die Aussicht auf die Guillotine ist mir langweilig geworden, so lang auf die Sache zu warten! Ich habe sie im Geist schon zwanzigmal durchprobiert. Es ist auch gar nichts Pikantes mehr dran; es ist ganz gemein geworden.

DILLON Man muß Danton's Frau ein Billet zukommen lassen.

LAFLOTTE Und dann – ich fürchte den Tod nicht, aber den Schmerz. Es könnte wehe tun, wer steht mir dafür? Man sagt zwar es sei nur ein Augenblick, aber der Schmerz hat ein feineres Zeitmaß, er zerlegt eine Tertie. Nein! Der Schmerz ist die einzige Sünde und das Leiden ist das einzige Laster, ich werde tugendhaft bleiben.

DILLON Höre Laflotte, wo ist der Kerl hingekommen? Ich habe Geld, das muß gehen, wir müssen das Eisen schmieden, mein Plan ist fertig.

LAFLOTTE Gleich, gleich! Ich kenne den Schließer, ich werde mit ihm sprechen. Du kannst auf mich zählen General, wir werden aus dem Loch kommen, *für sich im Hinausgehn* um in ein anderes zu gehen, ich in das weiteste, die Welt, er in das engste, das Grab.

DER WOHLFAHRTSAUSSCHUSS [III, 6]

St. Just, Barrère, Collot d'Herbois, Billaud-Varennes

BARRÈRE Was schreibt Fouquier?

ST. JUST Das zweite Verhör ist vorbei. Die Gefangnen verlangen das Erscheinen mehrerer Mitglieder des Konvents und des Wohlfahrtsausschusses, sie appellierten an das Volk, wegen Verweigerung der Zeugen. Die Bewegung der Gemüter soll unbeschreiblich sein. Danton parodierte den Jupiter und schüttelte die Locken.

COLLOT Um so leichter wird ihn Samson daran packen.

BARRÈRE Wir dürfen uns nicht zeigen, die Fischweiber und die Lumpensammler könnten uns weniger imposant finden.

BILLAUD Das Volk hat einen Instinkt sich treten zu lassen und wär es nur mit Blicken, dergleichen insolente Physiognomien gefallen ihm. Solche Stirnen sind ärger als ein adliges Wappen, die feine Aristokratie der Menschenverachtung sitzt auf ihnen. Es sollte sie jeder einschlagen helfen, den es verdrießt einen Blick von oben herunter zu erhalten.

BARRÈRE Er ist wie der hörnerne Siegfried, das Blut der Septembrisierten hat ihn unverwundbar gemacht. Was sagt Robespierre?

ST. JUST Er tut als ob er etwas zu sagen hätte. Die Geschwornen müssen sich für hinlänglich unterrichtet erklären und die Debatten schließen.

BARRÈRE Unmöglich, das geht nicht.

ST. JUST Sie müssen weg, um jeden Preis und sollten wir sie mit den eignen Händen erwürgen. Wagt! Danton soll uns das Wort nicht umsonst gelehrt haben. Die Revolution wird über ihre Leichen nicht stolpern, aber bleibt Danton am Leben, so wird er sie am Gewand fassen und er hat etwas in seiner Gestalt, als ob er die Freiheit notzüchtigen könnte.

St. [Just] wird hinausgerufen.
Ein Schließer tritt ein.

SCHLIESSER In St. Pelagie liegen Gefangne am Sterben, sie verlangen einen Arzt.

BILLAUD Das ist unnötig, so viel Mühe weniger für den Scharfrichter.

SCHLIESSER Es sind schwangere Weiber dabei.

BILLAUD Desto besser, da brauchen ihre Kinder keinen Sarg.

BARRÈRE Die Schwindsucht eines Aristokraten spart dem Revolutionstribunal eine Sitzung. Jede Arznei wäre kontrerevolutionär.

COLLOT *nimmt ein Papier:* Eine Bittschrift, ein Weibername!

BARRÈRE Wohl eine von denen, die gezwungen sein möchten zwischen einem Guillotinenbrett und dem Bett eines Jakobiners zu wählen. Die wie Lucrecia nach dem Verlust ihrer Ehre sterben, aber etwas später als die Römerin, im Kindbett, oder am Krebs oder aus Altersschwäche. Es mag nicht so unangenehm sein einen Tarquinius aus der Tugendrepublik einer Jungfrau zu treiben.

COLLOT Sie ist zu alt. Madame verlangt den Tod, sie weiß sich auszudrücken, das Gefängnis liege auf ihr wie ein Sargdeckel. Sie sitzt erst seit vier Wochen. Die Antwort ist leicht. *Er schreibt und liest:* Bürgerin, es ist noch nicht lange genug, daß du den Tod wünschest.

BARRÈRE Gut gesagt. Aber Collot es ist nicht gut, daß die Guillotine zu lachen anfängt, die Leute haben sonst keine Furcht mehr davor. Man muß sich nicht so familiär machen.

St. Just kommt zurück.

ST. JUST Eben erhalte ich eine Denunziation. Man konspiriert in den Gefängnissen, ein junger Mensch

Namens Laflotte hat Alles entdeckt. Er saß mit Dillon im nämlichen Zimmer, Dillon hat getrunken und geplaudert.

BARRÈRE Er schneidet sich mit seiner Bouteille den Hals ab, das ist schon mehr vorgekommen.

ST. JUST Danton's und Camille's Weiber sollen Geld unter das Volk werfen, Dillon soll ausbrechen, man will die Gefangnen befreien, der Konvent soll gesprengt werden.

BARRÈRE Das sind Märchen.

ST. JUST Wir werden sie aber mit dem Märchen in Schlaf erzählen. Die Anzeige habe ich in Händen, dazu die Keckheit der Angeklagten, das Murren des Volks, die Bestürzung der Geschwornen, ich werde einen Bericht machen.

BARRÈRE Ja, geh St. Just und spinne deine Perioden, worin jedes Komma ein Säbelhieb und jeder Punkt ein abgeschlagner Kopf ist.

ST. JUST Der Konvent muß dekretieren, das Tribunal solle ohne Unterbrechung den Prozeß fortführen und dürfe jeden Angeklagten, welcher die dem Gerichte schuldige Achtung verletzte oder störende Auftritte veranlaßte von den Debatten ausschließen.

BARRÈRE Du hast einen revolutionären Instinkt, das lautet ganz gemäßigt und wird doch seine Wirkung tun. Sie können nicht schweigen, Danton muß schreien.

ST. JUST Ich zähle auf eure Unterstützung. Es gibt Leute im Konvent, die eben so krank sind wie Danton und welche die nämliche Kur fürchten. Sie haben wieder Mut bekommen, sie werden über Verletzung der Formen schreien,

BARRÈRE *ihn unterbrechend:* Ich werde ihnen sagen: zu

Rom wurde der Konsul, welcher die Verschwörung des Catilina entdeckte und die Verbrecher auf der Stelle mit dem Tod bestrafte, der verletzten Förmlichkeit angeklagt. Wer waren seine Ankläger?

COLLOT *mit Pathos:* Geh St. Just. Die Lava der Revolution fließt. Die Freiheit wird die Schwächlinge, welche ihren mächtigen Schoß befruchten wollten, in ihren Umarmungen ersticken, die Majestät des Volks wird ihnen wie Jupiter der Semele unter Donner und Blitz erscheinen und sie in Asche verwandeln. Geh St. Just wir werden dir helfen den Donnerkeil auf die Häupter der Feiglinge zu schleudern.

St. Just ab.

BARRÈRE Hast du das Wort K u r gehört? Sie werden noch aus der Guillotine ein specificum gegen die Lustseuche machen. Sie kämpfen nicht mit den Moderierten, sie kämpfen mit dem Laster.

BILLAUD Bis jetzt geht unser Weg zusammen.

BARRÈRE Robespierre will aus der Revolution einen Hörsaal für Moral machen und die Guillotine als Katheder gebrauchen.

BILLAUD Oder als Betschemel.

COLLOT Auf dem er aber alsdann nicht stehen, sondern liegen soll.

BARRÈRE Das wird leicht gehen. Die Welt müßte auf dem Kopf stehen, wenn die sogenannten Spitzbuben von den sogenannten rechtlichen Leuten gehängt werden sollten.

COLLOT *zu Barrère:* Wann kommst du wieder nach Clichy?

BARRÈRE Wenn der Arzt nicht mehr zu mir kommt.

COLLOT Nicht wahr, über dem Ort steht ein

Haarstern, unter dessen versengenden Strahlen dein Rückenmark ganz ausgedörrt wird.

BILLAUD Nächstens werden die niedlichen Finger der reizenden Demahy es ihm aus dem Futterale ziehen und es als Zöpfchen über den Rücken hinunter hängen machen.

BARRÈRE *zuckt die Achseln:* Pst! Davon darf der Tugendhafte nichts wissen.

BILLAUD Er ist ein impotenter Mahomet.

B[illaud] und C[ollot] ab.

BARRÈRE *allein:* Die Ungeheuer! Es ist noch nicht lange genug, daß du den Tod wünschest! Diese Worte hätten die Zunge müssen verdorren machen, die sie gesprochen. Und ich?

Als die Septembriseurs in die Gefängnisse drangen, faßt ein Gefangner sein Messer, er drängt sich unter die Mörder, er stößt es in die Brust eines Priesters, er ist gerettet! Wer kann was dawider haben? Ob ich mich nun unter die Mörder dränge, oder mich in den Wohlfahrtsausschuß setze, ob ich ein Guillotinen oder ein Taschenmesser nehme? Es ist der nämliche Fall, nur mit etwas verwickelteren Umständen, die Grundverhältnisse sind sich gleich. Und durft' er einen morden, durfte er auch zwei, auch drei, auch noch mehr? wo hört das auf? Da kommen die Gerstenkörner: machen 2 einen Haufen, drei, vier, wieviel dann? Komm mein Gewissen, komm mein Hühnchen, komm bi, bi, bi, da ist Futter.

Doch – war ich auch Gefangner? Verdächtig war ich, das läuft auf eins hinaus, der Tod war mir gewiß. *Ab.*

DIE CONCIERGERIE [III, 7]

Lacroix, Danton, Philippeau, Camille

LACROIX Du hast gut geschrien, Danton, hättest du dich etwas früher so um dein Leben gequält, es wäre jetzt anders. Nicht wahr, wenn der Tod einem so unverschämt nahe kommt und so aus dem Hals stinkt und immer zudringlicher wird?

CAMILLE Wenn er einen noch notzüchtigte und seinen Raub unter Ringen und Kampf aus den heißen Gliedern riß! aber so in allen Formalitäten, wie bei der Hochzeit mit einem alten Weibe, wie die Pakten aufgesetzt, wie die Zeugen gerufen, wie das Amen gesagt und wie dann die Bettdecke gehoben wird und es langsam hereinkriecht mit seinen kalten Gliedern!

DANTON Wär' es ein Kampf, daß die Arme und Zähne einander packten! aber es ist mir, als wäre ich in ein Mühlwerk gefallen und die Glieder würden mir langsam systematisch von der kalten physischen Gewalt abgedreht. So mechanisch getötet zu werden!

CAMILLE Da liegen allein, kalt, steif in dem feuchten Dunst der Fäulnis; vielleicht, daß einem der Tod das Leben langsam aus den Fibern martert, mit Bewußtsein vielleicht sich wegzufaulen!

PHILIPPEAU Seid ruhig, meine Freunde. Wir sind wie die Herbstzeitlose, welche erst nach dem Winter Samen trägt. Von Blumen, die versetzt werden, unterscheiden wir uns nur dadurch, daß wir über dem Versuch ein wenig stinken. Ist das so arg?

DANTON Eine erbauliche Aussicht! Von einem

Misthaufen auf den andern! Nicht wahr, die göttliche Klassentheorie? Von prima nach secunda, von secunda nach tertia und s[o] weiter? Ich habe die Schulbänke satt, ich habe mir Gesäßschwielen wie ein Affe darauf gesessen.

PHILIPPEAU Was willst du denn?

DANTON Ruhe.

PHILIPPEAU Die ist in Gott.

DANTON Im Nichts. Versenke dich in was Ruhigers, als das Nichts und wenn die höchste Ruhe Gott ist, ist nicht das Nichts Gott? Aber ich bin ein Atheist. Der verfluchte Satz: etwas kann nicht zu nichts werden! und ich bin etwas, das ist der Jammer!
Die Schöpfung hat sich so breit gemacht. Da ist nichts leer, Alles voll Gewimmels.
Das Nichts hat sich ermordet, die Schöpfung ist seine Wunde, wir sind seine Blutstropfen, die Welt ist das Grab worin es fault.
Das lautet verrückt, es ist aber doch was Wahres daran.

CAMILLE Die Welt ist der ewige Jude, das Nichts ist der Tod, aber er ist unmöglich. Oh nicht sterben können, nicht sterben können, wie es im Lied heißt.

DANTON Wir sind Alle lebendig begraben und wie Könige in drei oder vierfachen Särgen beigesetzt, unter dem Himmel, in unsern Häusern, in unsern Röcken und Hemden. Wir kratzen 50 Jahre lang am Sargdeckel. Ja wer an Vernichtung glauben könnte! dem wäre geholfen.
Da ist keine Hoffnung im Tod, er ist nur eine einfachere, das Leben eine verwickeltere, organisiertere Fäulnis, das ist der ganze Unterschied! Aber ich bin gerad' einmal an diese Art des Faulens

gewöhnt, der Teufel weiß wie ich mit einer andern zu Recht komme. O Julie! Wenn ich allein ginge! Wenn sie mich einsam ließe!
Und wenn ich ganz zerfiele, mich ganz auflöste – ich wäre eine Handvoll gemarterten Staubes, jedes meiner Atome könnte nur Ruhe finden bei ihr. Ich kann nicht sterben, nein, ich kann nicht sterben. Wir müssen schreien, sie müssen mir jeden Lebenstropfen aus den Gliedern reißen.

EIN ZIMMER [III, 8]

Fouquier, Amar, Vouland

FOUQUIER Ich weiß nicht mehr, was ich antworten soll, sie fordern eine Kommission.

AMAR Wir haben die Schurken, da hast du was du verlangst.
Er überreicht Fouquier ein Papier.

VOULAND Das wird Sie zufrieden stellen.

FOUQUIER Wahrhaftig, das hatten wir nötig.

AMAR Nun mache, daß wir und sie die Sache vom Hals bekommen.

DAS REVOLUTIONSTRIBUNAL [III, 9]

DANTON Die Republik ist in Gefahr und er hat keine Instruktion! Wir appellieren an das Volk, meine Stimme ist noch stark genug um den Dezemvirn die Leichenrede zu halten. Ich wiederhole es, wir verlangen eine Kommission, wir haben wichtige

Entdeckungen zu machen. Ich werde mich in die Zitadelle der Vernunft zurückziehen, ich werde mit der Kanone der Wahrheit hervorbrechen und meine Feinde zermalmen.

Zeichen des Beifalls.

Fouquier, Amar, Vouland treten ein.

FOUQUIER Ruhe im Namen der Republik, Achtung dem Gesetz. Der Konvent beschließt:
In Betracht daß in den Gefängnissen sich Spuren von Meutereien zeigen, in Betracht daß Danton's und Camille's Weiber Geld unter das Volk werfen und daß der General Dillon ausbrechen und sich an die Spitze der Empörer stellen soll um die Angeklagten zu befreien, in Betracht endlich, daß diese selbst unruhige Auftritte herbeizuführen sich bemüht und das Tribunal zu beleidigen versucht haben, wird das Tribunal ermächtigt die Untersuchung ohne Unterbrechung fortzusetzen und jeden Angeklagten, der die dem Gesetze schuldige Ehrfurcht außer Augen setzen sollte, von den Debatten auszuschließen.

DANTON Ich frage die Anwesenden, ob wir dem Tribunal, dem Volke oder dem Nationalkonvent Hohn gesprochen haben?

VIELE STIMMEN Nein! Nein!

CAMILLE Die Elenden, sie wollen meine Lucile morden!

DANTON Eines Tages wird man die Wahrheit erkennen. Ich sehe großes Unglück über Frankreich hereinbrechen. Das ist die Diktatur, sie hat ihren Schleier zerrissen, sie trägt die Stirne hoch, sie schreitet über unsere Leichen. *Auf Amar und Vouland deutend:* Seht da die feigen Mörder, seht da die Raben des Wohlfahrtsausschusses!

Ich klage Robespierre, St. Just und ihre Henker des Hochverrats an.
Sie wollen die Republik im Blut ersticken. Die Gleisen der Guillotinenkarren sind die Heerstraßen, auf welchen die Fremden in das Herz des Vaterlandes dringen sollen. Wie lange sollen die Fußstapfen der Freiheit Gräber sein? Ihr wollt Brot und sie werfen euch Köpfe hin. Ihr durstet und sie machen euch das Blut von den Stufen der Guillotine lecken.
Heftige Bewegung unter den Zuhörern, Geschrei des Beifalls.

VIELE STIMMEN Es lebe Danton, nieder mit den Dezemvirn!
Die Gefangnen werden mit Gewalt hinausgeführt.

PLATZ VOR DEM JUSTIZPALAST [III, 10]

Ein Volkshaufe

EINIGE STIMMEN: Nieder mit den Dezemvirn! es lebe Danton!

ERSTER BÜRGER Ja das ist wahr, Köpfe statt Brot, Blut statt Wein.

EINIGE WEIBER Die Guillotine ist eine schlechte Mühle und Samson ein schlechter Bäckerknecht, wir wollen Brot, Brot!

ZWEITER BÜRGER Euer Brot, das hat Danton gefressen, sein Kopf wird euch Allen wieder Brot geben, er hatte Recht.

ERSTER BÜRGER Danton war unter uns am 10. August, Danton war unter uns im September. Wo waren die Leute, welche ihn angeklagt haben?

ZWEITER BÜRGER Und Lafayette war mit euch in Versailles und war doch ein Verräter.

ERSTER BÜRGER Wer sagt, daß Danton ein Verräter sei?

ZWEITER BÜRGER Robespierre.

ERSTER BÜRGER Und Robespierre ist ein Verräter.

ZWEITER BÜRGER Wer sagt das?

ERSTER BÜRGER Danton.

ZWEITER BÜRGER Danton hat schöne Kleider, Danton hat ein schönes Haus, Danton hat eine schöne Frau, er badet sich in Burgunder, ißt das Wildpret von silbernen Tellern und schläft bei euren Weibern und Töchtern, wenn er betrunken ist.
Danton war arm, wie ihr. Woher hat er das Alles? Das Veto hat es ihm gekauft, damit er ihm die Krone rette. Der Herzog von Orléans hat es ihm geschenkt, damit er ihm die Krone stehle.
Der Fremde hat es ihm gegeben, damit er euch Alle verrate. Was hat Robespierre? der tugendhafte Robespierre. Ihr kennt ihn Alle.

ALLE Es lebe Robespierre! Nieder mit Danton! Nieder mit dem Verräter!

[VIERTER AKT]

Julie, ein Knabe [IV, 1]

JULIE Es ist aus. Sie zitterten vor ihm. Sie töten ihn aus Furcht. Geh! ich habe ihn zum Letztenmal gesehen, sag' ihm ich könne ihn nicht so sehen.
Sie gibt ihm eine Locke.
Da, bring ihm das und sag' ihm er würde nicht allein gehn. Er versteht mich schon und dann schnell zurück, ich will seine Blicke aus deinen Augen lesen.

EINE STRASSE [IV, 2]

Dumas, ein Bürger

BÜRGER Wie kann man nach einem solchen Verhör soviel Unglückliche zum Tod verurteilen?
DUMAS Das ist in der Tat außerordentlich, aber die Revolutionsmänner haben einen Sinn, der andern Menschen fehlt, und dieser Sinn trügt sie nie.
BÜRGER Das ist der Sinn des Tigers. – Du hast ein Weib.
DUMAS Ich werde bald eins gehabt haben.
BÜRGER So ist es denn wahr!
DUMAS Das Revolutionstribunal wird unsere Ehescheidung aussprechen, die Guillotine wird uns von Tisch und Bett trennen.
BÜRGER Du bist ein Ungeheuer!
DUMAS Schwachkopf! du bewunderst Brutus?

BÜRGER Von ganzer Seele.

DUMAS Muß man denn gerade römischer Konsul sein und sein Haupt mit der Toga verhüllen können um sein Liebstes dem Vaterlande zu opfern? Ich werde mir die Augen mit dem Ärmel meines roten Fracks abwischen, das ist der ganze Unterschied.

BÜRGER Das ist entsetzlich.

DUMAS Geh, du begreifst mich nicht.

Sie gehen ab.

DIE CONCIERGERIE [IV, 3]

Lacroix, Hérault auf einem Bett.
Danton, Camille auf einem andern.

LACROIX Die Haare wachsen einem so und die Nägel man muß sich wirklich schämen.

HÉRAULT Nehmen Sie sich ein wenig in Acht, Sie niesen mir das ganze Gesicht voll Sand.

LACROIX Und treten Sie mir nicht so auf die Füße, Bester, ich habe Hühneraugen.

HÉRAULT Sie leiden noch an Ungeziefer.

LACROIX Ach, wenn ich nur einmal die Würmer ganz los wäre.

HÉRAULT Nun, schlafen Sie wohl, wir müssen sehen wie wir mit einander zu Recht kommen, wir haben wenig Raum.
Kratzen Sie mich nicht mit Ihren Nägeln im Schlaf.
So! Zerren Sie nicht so am Leichtuch, es ist kalt da unten.

DANTON Ja Camille, morgen sind wir durchgelaufne Schuhe, die man der Bettlerin Erde in den Schoß wirft.

CAMILLE Das Rindsleder, woraus nach Platon die Engel sich Pantoffeln geschnitten und damit auf der Erde herumtappen. Es geht aber auch danach. Meine Lucile!

DANTON Sei ruhig, mein Junge.

CAMILLE Kann ich's? Glaubst du Danton? Kann ich's? Sie können die Hände nicht an sie legen. Das Licht der Schönheit, das von ihrem süßen Leib sich ausgießt, ist unlöschbar. Unmöglich! Sieh die Erde würde nicht wagen sie zu verschütten, sie würde sich um sie wölben, der Grabdunst würde wie Tau an ihren Wimpern funkeln, Krystalle würden wie Blumen um ihre Glieder sprießen und helle Quellen in Schlaf sie murmeln.

DANTON S[ch]lafe, mein Junge, schlafe.

CAMILLE Höre Danton, unter uns gesagt, es ist so elend sterben müssen. Es hilft auch zu nichts. Ich will dem Leben noch die letzten Blicke aus seinen hübschen Augen stehlen, ich will die Augen offen haben.

DANTON Du wirst sie ohnehin offen behalten, Samson drückt einem die Augen nicht zu. Der Schlaf ist barmherziger. Schlafe, mein Junge, schlafe.

CAMILLE Lucile, deine Küsse phantasieren auf meinen Lippen, jeder Kuß wird ein Traum, meine Augen sinken und schließen ihn fest ein.

DANTON Will denn die Uhr nicht ruhen? Mit jedem Picken schiebt sie die Wände enger um mich, bis sie so eng sind wie ein Sarg.

Ich las einmal als Kind so n'e Geschichte, die Haare standen mir zu Berg.

Ja als Kind! Das war der Mühe wert mich so groß zu füttern und mich warm zu halten. Bloß Arbeit für den Totengräber!

Es ist mir, als röch' ich schon. Mein lieber Leib, ich will mir die Nase zuhalten und mir einbilden du seist ein Frauenzimmer, was vom Tanzen schwitzt und stinkt und dir Artigkeiten sagen. Wir haben uns sonst schon mehr miteinander die Zeit vertrieben. Morgen bist du eine zerbrochne Fiedel, die Melodie darauf ist ausgespielt. Morgen bist du eine leere Bouteille, der Wein ist ausgetrunken, aber ich habe keinen Rausch davon und gehe nüchtern zu Bett. Das sind glückliche Leute, die sich noch besaufen können. Morgen bist du eine durchgerutschte Hose, du wirst in die Garderobe geworfen und die Motten werden dich fressen, du magst stinken wie du willst. Ach das hilft nichts. Ja wohl, [s'ist] so elend sterben müssen. Der Tod äfft die Geburt, beim Sterben sind wir so hülflos und nackt, wie neugeborne Kinder. Freilich, wir bekommen das Leichentuch zur Windel. Was wird es helfen? Wir können im Grab so gut wimmern, wie in der Wiege.
Camille! er schläft *indem er sich über ihn bückt* ein Traum spielt zwischen seinen Wimpern. Ich will den goldnen Tau des Schlafes ihm nicht von den Augen streifen.
Er erhebt sich und tritt ans Fenster.
Ich werde nicht allein gehn, ich danke dir Julie. Doch hätte ich anders sterben mögen, so ganz mühelos, so wie ein Stern fällt, wie ein Ton sich selbst aushaucht, sich mit den eignen Lippen totküßt, wie ein Lichtstrahl in klaren Fluten sich begräbt. – Wie schimmernde Tränen sind die Sterne durch die Nacht gesprengt, es muß ein großer Jammer in dem Aug sein, von dem sie abträufelten.

CAMILLE Oh! *Er hat sich aufgerichtet und tastet nach der Decke.*

DANTON Was hast du Camille?

CAMILLE Oh, oh!

DANTON *schüttelt ihn:* Willst du die Decke herunterkratzen?

CAMILLE Ach du, du, o halt mich, sprich, du!

DANTON Du bebst an allen Gliedern, der Schweiß steht dir auf der Stirne.

CAMILLE Das bist du, das ich, so! Das ist meine Hand! ja jetzt besinn' ich mich. O Danton, das war entsetzlich.

DANTON Was denn?

CAMILLE Ich lag so zwischen Traum und Wachen. Da schwand die Decke und der Mond sank herein, ganz nahe, ganz dicht, mein Arm erfaßt' ihn. Die Himmelsdecke mit ihren Lichtern hatte sich gesenkt, ich stieß daran, ich betastete die Sterne, ich taumelte wie ein Ertrinkender unter der Eisdecke. Das war entsetzlich Danton.

DANTON Die Lampe wirft einen runden Schein an die Decke, das sahst du.

CAMILLE Meinetwegen, es braucht grade nicht viel um einem das Bißchen Verstand verlieren zu machen. Der Wahnsinn faßte mich bei den Haaren, *er erhebt sich* ich mag nicht mehr schlafen, ich mag nicht verrückt werden. *Er greift nach einem Buch.*

DANTON Was nimmst du?

CAMILLE Die Nachtgedanken.

DANTON Willst du zum Voraus sterben? Ich nehme die Pucelle. Ich will mich aus dem Leben nicht wie aus dem Betstuhl, sondern wie aus dem Bett einer barmherzigen Schwester wegschleichen. Es ist eine Hure, es treibt mit der ganzen Welt Unzucht.

Ein Schließer, zwei Fuhrleute mit Karren, Weiber

SCHLIESSER Wer hat euch herfahren geheißen?

ERSTER FUHRMANN Ich heiße nicht herfahren, das ist ein kurioser Namen.

SCHLIESSER Dummkopf, wer hat dir die Bestallung dazu gegeben?

ERSTER FUHRMANN ich habe keine Stallung dazu kriegt, nichts als 10 sous für den Kopf.

ZWEITER FUHRMANN Der Schuft will mich um's Brot bringen.

ERSTER FUHRMANN Was nennst du dein Brot? *Auf die Fenster der Gefangenen deutend:* Das ist Wurmfraß.

ZWEITER FUHRMANN Meine Kinder sind auch Würmer und die wollen auch ihr Teil davon. Uh, es geht schlecht mit unsrem métier und doch sind wir die besten Fuhrleute.

ERSTER FUHRMANN Wie das?

ZWEITER FUHRMANN Wer ist der beste Fuhrmann?

ERSTER FUHRMANN Der am weitesten und am schnellsten fährt.

ZWEITER FUHRMANN Nun Esel, wer fährt weiter, als der aus der Welt fährt und wer fährt schneller, als der's in einer Viertelstunde tut? Genau gemessen ist's eine Viertelstund von da bis zum Revolutionsplatz.

SCHLIESSER Rasch, ihr Schl[in]gel! Näher an's Tor, Platz da ihr Mädel.

ERSTER FUHRMANN Halt euren Platz vor, um ein Mädel fährt man nit herum, immer in die Mitt' nein.

ZWEITER FUHRMANN Ja das glaub' ich, du kannst mit

Karren und Gäulen hinein, du findest gute Gleise, aber du mußt Quarantän halten, wenn du heraus kommst.

Sie fahren vor.

ZWEITER FUHRMANN *zu den Weibern:* Was gafft ihr?

EIN WEIB Wir warten auf alte Kunden.

ZWEITER FUHRMANN Meint ihr mein Karren wär' ein Bordell? Er ist ein anständiger Karren, er hat den König und alle vornehmen Herren aus Paris zur Tafel gefahren.

LUCILE *tritt auf. Sie setzt sich auf einen Stein unter die Fenster der Gefangnen:* Camille, Camille!

Cam[ille] erscheint am Fenster.

Höre Camille, du machst mich lachen mit dem langen Steinrock und der eisernen Maske vor dem Gesicht, kannst du dich nicht bücken? Wo sind deine Arme?

Ich will dich locken, lieber Vogel. *Singt:*

Es stehn zwei Sternlein an dem Himmel
Scheinen heller als der Mond,
Der ein scheint vor Feinsliebchens Fenster
Der andre vor die Kammertür.

Komm, komm, mein Freund! Leise die Treppe herauf, sie schlafen Alle. Der Mond hilft mir schon lange warten. Aber du kannst ja nicht zum Tor herein, das ist eine unleidliche Tracht. Das ist zu arg für den Spaß, mach ein Ende. Du rührst dich auch gar nicht, warum sprichst du nicht? Du machst mir Angst. Höre! die Leute sagen du müßtest sterben und machen dazu so ernsthafte Gesichter.

Sterben! ich muß lachen über die Gesichter.

Sterben! Was ist das für ein Wort? Sag mir's Camille.

Sterben! Ich will nachdenken. Da, da ist's. Ich will

ihm nachlaufen, komm, süßer Freund, hilf mir fangen, komm! komm! *Sie läuft weg.*

CAMILLE *ruft:* Lucile! Lucile!

DIE CONCIERGERIE [IV, 5]

Danton an einem Fenster, was in das nächste Zimmer geht. Camille, Philippeau, Lacroix, Hérault

DANTON Du bist jetzt ruhig, Fabre.

EINE STIMME *von innen:* am Sterben.

DANTON Weißt du auch, was wir jetzt machen werden?

DIE STIMME Nun?

DANTON Was du dein ganzes Leben hindurch gemacht hast – des vers.

CAMILLE *für sich:* Der Wahnsinn saß hinter ihren Augen. Es sind schon mehr Leute wahnsinnig geworden, das ist der Lauf der Welt. Was können wir dazu? Wir waschen unsere Hände – Es ist auch besser so.

DANTON Ich lasse Alles in einer schrecklichen Verwirrung. Keiner versteht das Regieren. Es könnte vielleicht noch gehn, wenn ich Robespierre meine Huren und Couthon meine Waden hinterließe.

LACROIX Wir hätten die Freiheit zur Hure gemacht!

DANTON Was wäre es auch! Die Freiheit und eine Hure sind die kosmopolitischsten Dinge unter der Sonne. Sie wird sich jetzt anständig im Ehebett des Advokaten von Arras prostituieren. Aber ich denke sie wird die Clytemnaestra gegen ihn spielen, ich lasse ihm keine 6 Monate Frist, ich ziehe ihn mit mir.

CAMILLE *für sich:* Der Himmel verhelf' ihr zu einer behaglichen fixen Idee. Die allgemeinen fixen Ideen, welche man die gesunde Vernunft tauft, sind unerträglich langweilig. Der glücklichste Mensch war der, welcher sich einbilden konnte, daß er Gott Vater, Sohn und heiliger Geist sei.

LACROIX Die Esel werden schreien, es lebe die Republik, wenn wir vorbeigehen.

DANTON Was liegt daran? Die Sündflut der Revolution mag unsere Leichen absetzen wo sie will, mit unsern fossilen Knochen wird man noch immer allen Königen die Schädel einschlagen können.

HÉRAULT Ja, wenn sich gerade ein Simson für unsere Kinnbacken findet.

DANTON Sie sind Kainsbrüder.

LACROIX Nichts beweist mehr, daß Robespierre ein Nero ist, als der Umstand, daß er gegen Camille nie freundlicher war, als 2 Tage vor dessen Verhaftung. Ist es nicht so Camille?

CAMILLE Meinetwegen, was geht das mich an?
Was sie aus dem Wahnsinn ein reizendes Ding gemacht hat. Warum muß ich jetzt fort? Wir hätten zusammen mit ihm gelacht, es gewiegt und geküßt.

DANTON Wenn einmal die Geschichte ihre Grüfte öffnet kann der Despotismus noch immer an dem Duft unsrer Leichen ersticken.

HÉRAULT Wir stanken bei Lebzeiten schon hinlänglich. Das sind Phrasen für die Nachwelt nicht wahr Danton, uns gehn sie eigentlich nichts an.

CAMILLE Er zieht ein Gesicht, als solle es versteinern und von der Nachwelt als Antike ausgegraben werden.
Das verlohnt sich auch der Mühe Mäulchen

zu machen und Rot aufzulegen und mit einem guten Akzent zu sprechen; wir sollten einmal die Masken abnehmen, wir sähen dann wie in einem Zimmer mit Spiegeln überall nur den einen uralten, zahllosen, unverwüstlichen Schafskopf, nichts mehr, nichts weniger. Die Unterschiede sind so groß nicht, wir Alle sind Schurken und Engel, Dummköpfe und Genies und zwar das Alles in einem, die 4 Dinge finden Platz genug in dem nämlichen Kö[rp]er, sie sind nicht so breit, als man sich einbildet. Schlafen, Verdaun, Kinder machen das treiben Alle, die übrigen Dinge sind nur Variationen aus verschiedenen Tonarten über das nämliche Thema. Da braucht man sich auf die Zehen zu stellen und Gesichter zu schneiden, da braucht man sich voreinander zu genieren. Wir haben uns Alle am nämlichen Tische krank gegessen und haben Leibgrimmen, was haltet ihr euch die Servietten vor das Gesicht, schreit nur und greint wie es euch ankommt.
Schneidet nur keine so tugendhafte und so witzige und so heroische und so geniale Grimassen, wir kennen uns ja einander, spart euch die Mühe.

HÉRAULT Ja Camille, wir wollen uns beieinandersetzen und schreien, nichts dummer als die Lippen zusammenzupressen, wenn einem was weh tut. Griechen und Götter schrieen, Römer und Stoiker machten die heroische Fratze.

DANTON Die Einen waren so gut Epikureer wie die Andern. Sie machten sich ein ganz behagliches Selbstgefühl zurecht. Es ist nicht so übel seine Toga zu drapieren und sich umzusehen ob man einen langen Schatten wirft. Was sollen wir uns zerren?

Ob wir uns nun Lorbeerblätter, Rosenkränze oder Weinlaub vor die Scham binden oder das häßliche Ding offen tragen und es uns von den Hunden lecken lassen?

PHILIPPEAU Meine Freunde man braucht gerade nicht hoch über der Erde zu stehen um von all dem wirren Schwanken und Flimmern nichts mehr zu sehen und d[ie] Augen von einigen großen, göttlichen Linien erfüllt zu haben.
Es gibt ein Ohr für welches das Ineinanderschreien und der Zeter, die uns betäuben, ein Strom von Harmonien sind.

DANTON Aber wir sind die armen Musikanten und unsere Körper die Instrumente. Sind die häßlichen Töne, welche auf ihnen herausgepfuscht werden nur da um höher und höher dringend und endlich leise verhallend wie ein wollüstiger Hauch in himmlischen Ohren zu sterben?

HÉRAULT Sind wir wie Ferkel, die man für fürstliche Tafeln mit Ruten totpeitscht, damit ihr Fleisch schmackhafter werde?

DANTON Sind wir Kinder, die in den glühenden Molochsarmen dieser Welt gebraten und mit Lichtstrahlen gekitzelt werden, damit die Götter sich über ihr Lachen freuen?

CAMILLE Ist denn der Äther mit seinen Goldaugen eine Schüssel mit Goldkarpfen, die am Tisch der seligen Götter steht und die seligen Götter lachen ewig und die Fische sterben ewig und die Götter erfreuen sich ewig am Farbenspiel des Todeskampfes?

DANTON Die Welt ist das Chaos. Das Nichts ist der zu gebärende Weltgott.
Der Schließer tritt ein.

SCHLIESSER Meine Herren, Sie können abfahren, die Wagen halten vor der Tür.

PHILIPPEAU Gute Nacht meine Freunde, ziehen wir ruhig die große Decke über uns, worunter alle Herzen ausglühen und alle Augen zufallen.

Sie umarmen einander.

HÉRAULT *nimmt Camille's Arm:* Freue dich Camille, wir bekommen eine schöne Nacht. Die Wolken hängen am stillen Abendhimmel wie ein ausglühender Olymp mit verbleichenden, versinkenden Göttergestalten.

Sie gehen ab.

EIN ZIMMER [IV, 6]

JULIE Das Volk lief in den Gassen, jetzt ist Alles still. Keinen Augenblick möchte ich ihn warten lassen.

Sie zieht eine Phiole hervor

Komm liebster Priester, dessen Amen uns zu Bette gehn macht.

Sie tritt ans Fenster.

Es ist so hübsch Abschied zu nehmen, ich habe die Türe nur noch hinter mir zuzuziehen. *Sie trinkt.*

Man möchte immer so stehn.

Die Sonne ist hinunter. Der Erde Züge waren so scharf in ihrem Licht, doch jetzt ist ihr Gesicht so still und ernst wie einer Sterbenden. Wie schön das Abendlicht ihr um Stirn und Wangen spielt.

Stets bleicher und bleicher wird sie, wie eine Leiche treibt sie abwärts in der Flut des Äthers; will den[n] kein Arm sie bei den goldnen Locken fassen und aus dem Strom sie ziehen und sie begraben?

Ich gehe leise. Ich küsse sie nicht, daß kein Hauch, kein Seufzer sie aus dem Schlummer wecke.
Schlafe, schlafe.
Sie stirbt.

DER REVOLUTIONSPLATZ [IV, 7]

Die Wagen kommen angefahren und halten vor der Guillotin[e]. Männer und Weiber singen und tanzen die Carmagnole. Die Gefangnen stimmen die Marseillaise an.

EIN WEIB MIT KINDERN Platz! Platz! Die Kinder schreien, sie haben Hunger. Ich muß sie zusehen machen, daß sie still sind. Platz!

EIN WEIB He Danton, du kannst jetzt mit den Würmern Unzucht treiben.

EINE ANDERE Hérault, aus deinen hübschen Haaren laß' ich mir eine Perücke machen.

HÉRAULT Ich habe nicht Waldung genug für einen so abgeholzten Venusberg.

CAMILLE Verfluchte Hexen! Ihr werdet noch schreien, ihr Berge fallet auf uns!

EIN WEIB Der Berg ist auf euch oder ihr seid ihn vielmehr hinunter gefallen.

DANTON *zu Camille:* Ruhig, mein Junge, du hast dich heiser geschrieen.

CAMILLE *gibt dem Fuhrmann Geld:* Da alter Charon, dein Karren ist ein guter Präsentierteller.
Meine Herren, ich will mich zuerst servieren. Das ist ein klassisches Gastmahl, wir liegen auf unsern Plätzen und verschütten etwas Blut als Libation.
Adieu Danton.

Er besteigt das Blutgerüst. Die Gefa[n]gnen folgen ihm einer nach dem andern. Danton steigt zuletzt hinauf.

LACROIX *zu dem Volk:* Ihr tötet uns an dem Tage, wo ihr den Verstand verloren habt; ihr werdet sie an dem töten, wo ihr ihn wiederbekommt.

EINIGE STIMMEN Das war schon einmal da! wie langweilig!

LACROIX Die Tyrannen werden über unsern Gräbern den Hals brechen.

HÉRAULT *zu Danton:* Er hält seine Leiche für ein Mistbeet der Freiheit.

PHILIPPEAU *auf dem Schafott:* Ich vergebe euch, ich wünsche eure Todesstunde sei nicht bittrer als die meinige.

HÉRAULT Dacht' ich's doch, er muß sich noch einmal in den Busen greifen und den Leuten da unten zeigen, daß er reine Wäsche hat.

FABRE Lebewohl Danton. Ich sterbe doppelt.

DANTON Adieu mein Freund. Die Guillotine ist der beste Arzt.

HÉRAULT *will Danton umarmen:* Ach Danton, ich bringe nicht einmal einen Spaß mehr heraus. Da ist's Zeit. *Ein Henker stößt ihn zurück.*

DANTON *zum Henker:* Willst du grausamer sein als der Tod?
Kannst du verhindern, daß unsere Köpfe sich auf dem Boden des Korbes küssen?

LUCILE Es ist doch was wie Ernst darin. Ich will einmal nachdenken. Ich fange an so was zu begreifen.
Sterben –
Sterben –
Es darf ja Alles leben, Alles, die kleine Mücke da, der Vogel. Warum denn er nicht? Der Strom des Lebens müßte stocken, wenn nur der eine Tropfen verschüttet würde. Die Erde müßte eine Wunde bekommen von dem Streich.
Es regt sich Alles, die Uhren gehen, die Glocken schlagen, die Leute laufen, das Wasser rinnt und so so Alles weiter bis da, dahin – nein! es darf nicht geschehen, nein – ich will mich auf den Boden setzen und schreien, daß erschrocken Alles stehn bleibt, Alles stockt, sich nichts mehr regt.
Sie setzt sich nieder, verhüllt sich die Augen und stößt einen Schrei aus. Nach einer Pause erhebt sie sich.
Das hilft nichts, da ist noch Alles wie sonst, die Häuser, die Gasse, der Wind geht, die Wolken ziehen. – Wir müssen's wohl leiden.
Einige Weiber kommen die Gasse herunter.

ERSTES WEIB Ein hübscher Mann, der Hérault.

ZWEITES WEIB Wie er beim Konstitutionsfest so am Triumphbogen stand da dacht' ich so, der muß sich gut auf der Guillotine ausnehmen, dacht' ich. Das war so ne Ahnung.

DRITTES WEIB Ja man muß die Leute in allen Verhältnissen sehen, es ist recht gut, daß das Sterben so öffentlich wird.
Sie gehen vorbei.

LUCILE Mein Camille! Wo soll ich dich jetzt suchen?

DER REVOLUTIONSPLATZ [IV, 9]

Zwei Henker an der Guillotin[e] beschäftigt.

ERSTER HENKER *steht auf der Guillotin[e] und singt:*

Und wann ich hame geh
Scheint der Mond so sch[ee]h

ZWEITER HENKER He Holla! Bist bald fertig?

ERSTER HENKER Gleich, gleich! *Singt:*

Scheint in meines Ellervaters Fenster
Kerl wo bleibst so lang bei de Menscher?

So! die Jacke her!

Sie gehn singend ab.

Und wann ich hame geh
Scheint der Mond so scheeh.

LUCILE *tritt auf und setzt sich auf die Stufen der Guillotine:* Ich setze mich auf deinen Schoß, du stiller Todesengel. *Sie singt:*

Es ist ein Schnitter, der heißt Tod,
Hat Gewalt vom höchsten Gott.

Du liebe Wiege, die du meinen Camille in Schlaf gelullt, ihn unter deinen Rosen erstickt hast. Du Totenglocke, die du ihn mit deiner süßen Zunge zu Grabe sangst. *Sie singt:*

Viel hunderttausend ungezählt,
Was nur unter die Sichel fällt.

Eine Patrouille tritt auf.

EIN BÜRGER He werda?

LUCILE Es lebe der König!

BÜRGER Im Namen der Republik.

Sie wird von der Wache umringt und weggeführt.

LEONCE UND LENA

EIN LUSTSPIEL

VORREDE

Alfieri: »E la fama?«
Gozzi: »E la fame?«

PERSONEN

König Peter vom Reiche Popo
Prinz Leonce, SEIN SOHN, VERLOBT MIT
Prinzessin Lena vom Reiche Pipi
Valerio
Die Gouvernante
Der Hofmeister
Der Präsident des Staatsrates
Der Zeremonienmeister
Der Hofprediger
Der Landrat
Der Schulmeister
Rosetta

Bediente, Staatsräte, Bauern usw.

ERSTER AKT

»O wär' ich doch ein Narr!
Mein Ehrgeiz geht auf eine bunte Jacke.«
Wie es Euch gefällt

ERSTE SZENE
EIN GARTEN

Leonce halb ruhend auf einer Bank. Der Hofmeister

LEONCE Mein Herr, was wollen Sie von mir? Mich auf meinen Beruf vorbereiten? Ich habe alle Hände voll zu tun. Ich weiß mir vor Arbeit nicht zu helfen. Sehen Sie, erst habe ich auf den Stein hier dreihundert fünf und sechzig Mal hintereinander zu spucken. Haben Sie das noch nicht probiert? Tun Sie es, es gewährt eine ganz eigne Unterhaltung. – Dann, sehen Sie diese Hand voll Sand? – *er nimmt Sand auf, wirft ihn in die Höhe und fängt ihn mit dem Rücken der Hand wieder auf* – jetzt werf' ich sie in die Höhe. Wollen wir wetten? Wieviel Körnchen hab' ich jetzt auf dem Handrücken? Grad oder ungrad? Wie? Sie wollen nicht wetten? Sind Sie ein Heide? Glauben Sie an Gott? Ich wette gewöhnlich mit mir selbst und kann es tagelang so treiben. Wenn Sie einen Menschen aufzutreiben wissen, der Lust hätte, manchmal mit mir zu wetten, so werden Sie mich sehr verbinden. Dann – habe ich nachzudenken, wie es wohl angehen mag, daß ich mir einmal auf den Kopf sehe. – O wer sich einmal auf den Kopf sehen könnte! Das ist eines von meinen Idealen.

Und dann – und dann – noch unendlich Viel der Art. – Bin ich ein Müßiggänger? Habe ich keine Beschäftigung? – Ja, es ist traurig …

HOFMEISTER Sehr traurig, Eure Hoheit.

LEONCE Daß die Wolken schon seit drei Wochen von Westen nach Osten ziehen. Es macht mich ganz melancholisch.

HOFMEISTER Eine sehr gegründete Melancholie.

LEONCE Mensch, warum widersprechen Sie mir nicht? Sie haben dringende Geschäfte, nicht wahr? Es ist mir leid, daß ich Sie so lange aufgehalten habe. *Der Hofmeister entfernt sich mit einer tiefen Verbeugung.* Mein Herr, ich gratuliere Ihnen zu der schönen Parenthese, die Ihre Beine machen, wenn Sie sich verbeugen.

LEONCE *allein, streckt sich auf der Bank aus:* Die Bienen sitzen so träg an den Blumen, und der Sonnenschein liegt so faul auf dem Boden. Es krassiert ein entsetzlicher Müßiggang. – Müßiggang ist aller Laster Anfang. Was die Leute nicht Alles aus Langeweile treiben! Sie studieren aus Langeweile, sie beten aus Langeweile, sie verlieben, verheiraten und vermehren sich aus Langeweile und sterben endlich aus Langeweile, und – und das ist der Humor davon – Alles mit den wichtigsten Gesichtern ohne zu merken, warum, und meinen Gott weiß was dazu. Alle diese Helden, diese Genies, diese Dummköpfe, diese Heiligen, diese Sünder, diese Familienväter sind im Grunde nichts als raffinierte Müßiggänger. – Warum muß ich es grade wissen? Warum kann ich mir nicht wichtig werden und der armen Puppe einen Frack anziehen und einen Regenschirm in die Hand geben, daß sie sehr rechtlich und sehr nützlich und sehr moralisch würde? – Der Mann, der eben von mir ging, ich beneidete ihn, ich hätte ihn aus Neid prügeln mögen. O wer einmal jemand Anderes sein könnte! Nur 'ne Minute lang. Wie der Mensch läuft! Wenn ich nur etwas unter der Sonne wüßte, was mich noch könnte laufen machen.

Valerio, etwas betrunken, tritt auf.

VALERIO *stellt sich dicht vor den Prinzen, legt den Finger an die Nase und sieht ihn starr an:* Ja!

LEONCE *eben so:* Richtig!

VALERIO Haben Sie mich begriffen?

LEONCE Vollkommen.

VALERIO Nun, so wollen wir von etwas Anderem reden. *Er legt sich ins Gras.* Ich werde mich indessen in das Gras legen und meine Nase oben zwischen den Halmen herausblühen lassen und romantische Empfindungen beziehen, wenn die Bienen und Schmetterlinge sich darauf wiegen, wie auf einer Rose.

LEONCE Aber Bester, schnaufen Sie nicht so stark, oder die Bienen und Schmetterlinge müssen verhungern über den ungeheuren Prisen, die Sie aus den Blumen ziehen.

VALERIO Ach Herr, was ich ein Gefühl für die Natur habe! Das Gras steht so schön, daß man ein Ochs sein möchte, um es fressen zu können, und dann wieder ein Mensch, um den Ochsen zu essen, der solches Gras gefressen.

LEONCE Unglücklicher, Sie scheinen auch an Idealen zu laborieren.

VALERIO Es ist ein Jammer. Man kann keinen Kirchturm herunterspringen, ohne den Hals zu brechen. Man kann keine vier Pfund Kirschen mit den Steinen essen, ohne Leibweh zu kriegen. Seht, Herr, ich könnte mich in eine Ecke setzen und singen vom Abend bis zum Morgen: »Hei, da sitzt e Fleig' an der Wand! Fleig' an der Wand! Fleig' an der Wand!« und so fort bis zum Ende meines Lebens.

LEONCE Halt's Maul mit deinem Lied, man könnte darüber ein Narr werden.

VALERIO So wäre man doch etwas. Ein Narr! Ein Narr! Wer will mir seine Narrheit gegen meine Vernunft verhandeln? Ha, ich bin Alexander der Große! Wie mir die Sonne eine goldne Krone in die Haare scheint, wie meine Uniform blitzt! Herr Generalissimus Heupferd, lassen Sie die Truppen anrücken! Herr Finanzminister Kreuzspinne, ich brauche Geld! Liebe Hofdame Libelle, was macht meine teure Gemahlin Bohnenstange? Ach bester Herr Leibmedicus Cantharide, ich bin um einen Erbprinzen verlegen. Und zu diesen köstlichen Phantasien bekommt man gute Suppe, gutes Fleisch, gutes Brot, ein gutes Bett und das Haar umsonst geschoren, – im Narrenhaus nämlich, – während ich mit meiner gesunden Vernunft mich höchstens noch zur Beförderung der Reife auf einen Kirschbaum verdingen könnte, um – nun? – um?

LEONCE Um die Kirschen durch die Löcher in deinen Hosen schamrot zu machen! Aber Edelster, dein Handwerk, deine Profession, dein Gewerbe, dein Stand, deine Kunst?

VALERIO *mit Würde:* Herr, ich habe die große Beschäftigung, müßig zu gehen, ich habe eine ungemeine Fertigkeit im Nichtstun, ich besitze eine ungeheure Ausdauer in der Faulheit. Keine Schwiele schändet meine Hände, der Boden hat noch keinen Tropfen von meiner Stirne getrunken, ich bin noch Jungfrau in der Arbeit, und wenn es mir nicht der Mühe zu viel wäre, würde ich mir die Mühe nehmen, Ihnen diese Verdienste weitläufiger auseinanderzusetzen.

LEONCE *mit komischem Enthusiasmus:* Komm an meine Brust! Bist du einer von den Göttlichen, welche mühelos mit reiner Stirne durch den Schweiß und Staub über die Heerstraße des Lebens wandeln, und mit glänzenden Sohlen und blühenden Leibern gleich seligen Göttern in den Olympus treten? Komm! Komm!

VALERIO *singt im Abgehen:* Hei! da sitzt e Fleig' an der Wand! Fleig' an der Wand! Fleig' an der Wand! *Beide Arm in Arm ab.*

ZWEITE SZENE
EIN ZIMMER

König Peter wird von zwei Kammerdienern angekleidet.

PETER *während er angekleidet wird:* Der Mensch muß denken, und ich muß für meine Untertanen denken; denn sie denken nicht, sie denken nicht. – Die Substanz ist das an sich, das bin ich. *Er läuft [fast nackt] im Zimmer herum.* Begriffen? An sich ist an sich, versteht Ihr? Jetzt kommen meine Attribute, Modifikationen, Affektionen und Akzidenzien, wo [ist mein Hemd,] meine Hose? – Halt, [pfui!] der freie Wille steht [davorn] ganz offen. Wo ist die Moral, wo sind die Manschetten? Die Kategorien sind in der schändlichsten Verwirrung, es sind zwei

Knöpfe zuviel zugeknöpft, die Dose steckt in der rechten Tasche. Mein ganzes System ist ruiniert. – He, was bedeutet der Knopf im Schnupftuch? Kerl, was bedeutet der Knopf, an was wollte ich mich erinnern?

ERSTER KAMMERDIENER Als Eure Majestät diesen Knopf in Ihr Schnupftuch zu knüpfen geruhten, so wollten Sie –

PETER Nun?

ERSTER KAMMERDIENER Sich an Etwas erinnern.

PETER Eine verwickelte Antwort! – Ei! Nun, und was meint Er?

ZWEITER KAMMERDIENER Eure Majestät wollten sich an Etwas erinnern, als Sie diesen Knopf in Ihr Schnupftuch zu knöpfen geruhten.

PETER *läuft auf und ab:* Was? Was? Die Menschen machen mich konfus, ich bin in der größten Verwirrung. Ich weiß mir nicht mehr zu helfen.

Ein Diener tritt auf.

DIENER Eure Majestät, der Staatsrat ist versammelt.

PETER *freudig:* Ja, das ist's, das ist's. – [Ich wollte mich an mein Volk erinnern!] Kommen Sie, meine Herren! Gehen Sie symmetrisch. Ist es nicht sehr heiß? Nehmen Sie doch auch Ihre Schnupftücher und wischen Sie sich das Gesicht. Ich bin immer so in Verlegenheit, wenn ich öffentlich sprechen soll.

Alle ab.

König Peter. Der Staatsrat

PETER Meine Lieben und Getreuen, ich wollte euch hiermit kund und zu wissen tun, kund und zu wissen tun, – denn, entweder verheiratet sich mein Sohn, oder nicht *legt den Finger an die Nase,* entweder, oder – ihr versteht mich doch? Ein Drittes gibt es nicht. Der Mensch muß denken. *Steht eine Zeit lang sinnend.* Wenn ich so laut rede, so weiß ich nicht, wer es eigentlich ist, ich oder ein Anderer, das ängstigt mich. *Nach langem Besinnen:* Ich bin ich. – Was halten Sie davon, Präsident?

PRÄSIDENT *gravitätisch langsam:* Eure Majestät, vielleicht ist es so, vielleicht ist es aber auch nicht so.

DER *ganze* STAATSRAT *im Chor:* Ja, vielleicht ist es so, vielleicht ist es aber auch nicht so.

PETER *mit Rührung:* O meine Weisen! – Also von was war eigentlich die Rede? Von was wollte ich sprechen? Präsident, was haben Sie ein so kurzes Gedächtnis bei einer so feierlichen Gelegenheit? Die Sitzung ist aufgehoben.

Er entfernt sich feierlich, der ganze Staatsrat folgt ihm.

DRITTE SZENE
EIN REICHGESCHMÜCKTER SAAL, KERZEN BRENNEN.

Leonce mit einigen Dienern.

LEONCE Sind alle Läden geschlossen? Zündet die Kerzen an! Weg mit dem Tag! Ich will Nacht, tiefe ambrosische Nacht. Stellt die Lampen unter Krystallglocken zwischen die Oleander, daß sie wie Mädchenaugen unter den Wimpern der Blätter hervorträumen. Rückt die Rosen näher, daß der Wein wie Tautropfen auf die Kelche sprudle. Musik! Wo sind die Violinen? Wo ist die Rosetta? Fort! Alle hinaus!

Die Diener gehen ab. Leonce streckt sich auf ein Ruhebett. Rosetta, zierlich gekleidet, tritt ein. Man hört Musik aus der Ferne.

ROSETTA *nähert sich schmeichelnd:* Leonce!

LEONCE Rosetta!

ROSETTA Leonce!

LEONCE Rosetta!

ROSETTA Deine Lippen sind träg. Vom Küssen?

LEONCE Vom Gähnen!

ROSETTA Oh!

LEONCE Ach Rosetta, ich habe die entsetzliche Arbeit …

ROSETTA Nun?

LEONCE Nichts zu tun …

ROSETTA Als zu lieben?

LEONCE Freilich Arbeit!

ROSETTA *beleidigt:* Leonce!

LEONCE Oder Beschäftigung.

ROSETTA Oder Müßiggang.

LEONCE Du hast Recht wie immer. Du bist ein kluges Mädchen, und ich halte viel auf deinen Scharfsinn.

ROSETTA So liebst Du mich aus Langeweile?

LEONCE Nein, ich habe Langeweile, weil ich dich liebe. Aber ich liebe meine Langeweile wie dich. Ihr seid eins. O dolce far niente, ich träume über deinen Augen, wie an wunderheimlichen tiefen Quellen, das Kosen deiner Lippen schläfert mich ein, wie Wellenrauschen. *Er umfaßt sie.* Komm liebe Langeweile, deine Küsse sind ein wollüstiges Gähnen, und deine Schritte sind ein zierlicher Hiatus.

ROSETTA Du liebst mich, Leonce?

LEONCE Ei warum nicht?

ROSETTA Und immer?

LEONCE Das ist ein langes Wort: immer! Wenn ich dich nun noch fünftausend Jahre und sieben Monate liebe, ist's genug? Es ist zwar viel weniger, als immer, ist aber doch eine erkleckliche Zeit, und wir können uns Zeit nehmen, uns zu lieben.

ROSETTA Oder die Zeit kann uns das Lieben nehmen.

LEONCE Oder das Lieben uns die Zeit. Tanze, Rosetta, tanze, daß die Zeit mit dem Takt deiner niedlichen Füße geht.

ROSETTA Meine Füße gingen lieber aus der Zeit. *Sie tanzt und singt:*

O meine müden Füße, ihr müßt tanzen
In bunten Schuhen,
Und möchtet lieber tief
Im Boden ruhen.

O meine heißen Wangen, ihr müßt glühn
Im [w]ilden Kosen,
Und möchtet lieber blühn –
Zwei weiße Rosen.

O meine armen Augen, ihr müßt blitzen
Im Strahl der Kerzen,
Und schlieft im Dunkel lieber aus
Von euren Schmerzen.

LEONCE *indes träumend vor sich hin:* O, eine sterbende Liebe ist schöner, als eine werdende. Ich bin ein Römer; bei dem köstlichen Mahle spielen zum Dessert die goldnen Fische in ihren Todesfarben. Wie ihr das Rot von den Wangen stirbt, wie still das Auge ausglüht, wie leis das Wogen ihrer Glieder steigt und fällt! Adio, adio meine Liebe, ich will deine Leiche lieben.

Rosetta nähert sich ihm wieder.

Tränen, Rosetta? Ein feiner Epikureismus – weinen zu können. Stelle dich in die Sonne, damit die köstlichen Tropfen krystallisieren, es muß prächtige Diamanten geben. Du kannst dir ein Halsband machen lassen.

ROSETTA Wohl Diamanten, sie schneiden mir in die Augen. Ach Leonce! *Will ihn umfassen.*

LEONCE Gib Acht! Mein Kopf! Ich habe unsere Liebe darin beigesetzt. Sieh zu den Fenstern meiner Augen hinein. Siehst du, wie schön tot das arme Ding ist? Siehst du die zwei weißen Rosen auf seinen Wangen und die zwei roten auf seiner Brust? Stoß mich nicht, daß ihm kein Ärmchen abbricht, es wäre Schade. Ich muß meinen Kopf gerade auf den Schultern tragen, wie die Totenfrau einen Kindersarg.

ROSETTA *scherzend:* Narr!

LEONCE Rosetta!

Rosetta macht ihm eine Fratze.

Gott sei Dank! *Hält sich die Augen zu.*

ROSETTA *erschrocken:* Leonce, sieh mich an.

LEONCE Um keinen Preis!

ROSETTA Nur einen Blick!

LEONCE Keinen! Weinst du? Um ein klein wenig, und meine liebe Liebe käme wieder auf die Welt. Ich bin froh, daß ich sie begraben habe. Ich behalte den Eindruck.

ROSETTA *entfernt sich traurig und langsam, sie singt im Abgehn:*

Ich bin eine arme Waise,
Ich fürchte mich ganz allein.
Ach lieber Gram –
Willst du nicht kommen mit mir heim?

LEONCE *allein:* Ein sonderbares Ding um die Liebe. Man liegt ein Jahr lang schlafwachend zu Bette, und an einem schönen Morgen wacht man auf, trinkt ein Glas Wasser, zieht seine Kleider an und fährt sich mit der Hand über die Stirn und besinnt sich – und besinnt sich. – Mein Gott, wieviel Weiber hat man nötig, um die Skala der Liebe auf und ab zu singen? Kaum daß Eine einen Ton ausfüllt. Warum ist der Dunst über unsrer Erde ein Prisma, das den weißen Glutstrahl der Liebe in einen Regenbogen bricht? – *Er trinkt.* In welcher Bouteille steckt denn der Wein, an dem ich mich heute betrinken soll? Bringe ich es nicht einmal mehr so weit? Ich sitze wie unter einer Luftpumpe. Die Luft so scharf und dünn, daß mich friert, als sollte ich in Nankinghosen Schlittschuh laufen. – Meine Herren, meine Herren, wißt ihr auch, was Caligula und Nero waren? Ich weiß es. – Komm Leonce, halte mir einen Monolog, ich will zuhören. Mein Leben gähnt mich an, wie ein großer weißer Bogen Papier, den ich vollschreiben soll, aber ich bringe keinen Buchstaben heraus. Mein Kopf ist ein leerer Tanzsaal, einige verwelkte Rosen und zerknitterte Bänder auf dem Boden, geborstene Violinen in der Ecke, die letzten Tänzer haben die Masken abgenommen und sehen mit totmüden Augen einander an. Ich stülpe mich jeden Tag vier und zwanzigmal herum, wie einen Handschuh. O ich kenne mich, ich weiß was ich in einer Viertelstunde, was ich in acht Tagen, was ich in einem Jahre denken und träumen werde. Gott, was habe ich denn verbrochen, daß du mich, wie einen Schulbuben, meine Lektion so oft hersagen läßt? –

Bravo Leonce! Bravo! *Er klatscht.* Es tut mir ganz wohl, wenn ich mir so rufe. He! Leonce! Leonce!

VALERIO *unter einem Tisch hervor:* Eure Hoheit scheint mir wirklich auf dem besten Weg, ein wahrhaftiger Narr zu werden.

LEONCE Ja, beim Licht besehen, kommt es mir eigentlich eben so vor.

VALERIO Warten Sie, wir wollen uns darüber sogleich ausführlicher unterhalten. Ich habe nur noch ein Stück Braten zu verzehren, das ich aus der Küche, und etwas Wein, den ich von Ihrem Tische gestohlen. Ich bin gleich fertig.

LEONCE Das schmatzt. Der Kerl verursacht mir ganz idyllische Empfindungen; ich könnte wieder mit dem Einfachsten anfangen, ich könnte Käs essen, Bier trinken, Tabak rauchen. Mach fort, grunze nicht so mit deinem Rüssel, und klappre mit deinen Hauern nicht so.

VALERIO Wertester Adonis, sind Sie in Angst um Ihre Schenkel? Sein Sie unbesorgt, ich bin weder ein Besenbinder, noch ein Schulmeister. Ich brauche keine Gerten zu Ruten.

LEONCE Du bleibst nichts schuldig.

VALERIO Ich wollte, es ginge meinem Herrn eben so.

LEONCE Meinst du, damit du zu deinen Prügeln kämst? Bist du so besorgt um deine Erziehung?

VALERIO O Himmel, man kömmt leichter zu seiner Erzeugung, als zu seiner Erziehung. Es ist traurig, in welche Umstände Einen andere Umstände versetzen können! Was für Wochen hab' ich erlebt, seit meine Mutter in die Wochen kam! Wieviel Gutes hab' ich empfangen, das ich meiner Empfängnis zu danken hätte?

LEONCE Was deine Empfänglichkeit betrifft, so könnte sie es nicht besser treffen, um getroffen zu werden. Drück dich besser aus, oder du sollst den unangenehmsten Eindruck von meinem Nachdruck haben.

VALERIO Als meine Mutter um das Vorgebirg der guten Hoffnung schiffte …

LEONCE Und dein Vater an Cap Horn Schiffbruch litt …

VALERIO Richtig, denn er war Nachtwächter. Doch setzte er das Horn nicht so oft an die Lippen, als die Väter edler Söhne an die Stirn.

LEONCE Mensch, du besitzest eine himmlische Unverschämtheit. Ich fühle ein gewisses Bedürfnis, mich in nähere Berührung mit ihr zu setzen. Ich habe eine große Passion dich zu prügeln.

VALERIO Das ist eine schlagende Antwort und ein triftiger Beweis.

LEONCE *geht auf ihn los:* Oder du bist eine geschlagene Antwort. Denn du bekommst Prügel für deine Antwort.

VALERIO *läuft weg, Leonce stolpert und fällt:* Und Sie sind ein Beweis, der noch geführt werden muß, denn er fällt über seine eigenen Beine, die im Grund genommen selbst noch zu beweisen sind. Es sind höchst unwahrscheinliche Waden und sehr problematische Schenkel.

Der Staatsrat tritt auf. Leonce bleibt auf dem Boden sitzen. Valerio.

PRÄSIDENT Eure Hoheit verzeihen …

LEONCE Wie mir selbst! Wie mir selbst! Ich verzeihe mir die Gutmütigkeit, Sie anzuhören. Meine Herren, wollen Sie nicht Platz nehmen? – Was die Leute für Gesichter machen, wenn sie das Wort Platz hören!

Setzen Sie sich nur auf den Boden und genieren Sie sich nicht. Es ist doch der letzte Platz, den Sie einst erhalten, aber er trägt Niemanden etwas ein – außer dem Totengräber.

PRÄSIDENT *verlegen mit den Fingern schnipsend:* Geruhen Eure Hoheit …

LEONCE Aber schnipsen Sie nicht so mit den Fingern, wenn Sie mich nicht zum Mörder machen wollen.

PRÄSIDENT *immer stärker schnipsend:* Wollten gnädigst, in Betracht …

LEONCE Mein Gott, stecken Sie doch die Hände in die Hosen, oder setzen Sie sich darauf. Er ist ganz aus der Fassung. Sammeln Sie sich.

VALERIO Man darf Kinder nicht während des P…… unterbrechen, sie bekommen sonst eine Verhaltung.

LEONCE Mann, fassen Sie sich. Bedenken Sie Ihre Familie und den Staat. Sie riskieren einen Schlagfluß, wenn Ihnen Ihre Rede zurücktritt.

PRÄSIDENT *zieht ein Papier aus der Tasche:* Erlauben Eure Hoheit …

LEONCE Was! Sie können schon lesen? Nun denn …

PRÄSIDENT Daß man der zu erwartenden Ankunft von Eurer Hoheit verlobter Braut, der durchlauchtigsten Prinzessin Lena von Pipi, auf morgen sich zu gewärtigen habe, davon läßt Ihre königliche Majestät Eure Hoheit benachrichtigen.

LEONCE Wenn meine Braut mich erwartet, so werde ich ihr den Willen tun und sie auf mich warten lassen. Ich habe sie gestern Nacht im Traume gesehen, sie hatte ein Paar Augen, so groß, daß die Tanzschuhe meiner Rosetta zu Augenbrauen darüber gepaßt hätten, und auf den Wangen waren keine Grübchen, sondern ein Paar Abzugsgr[u]ben für das Lachen.

Ich glaube an Träume. Träumen Sie auch zuweilen, Herr Präsident? Haben Sie auch Ahnungen?

VALERIO Versteht sich. Immer die Nacht vor dem Tag, an dem ein Braten verbrennt, ein Kapaun krepiert, oder Ihre königliche Majestät Leibweh bekommt.

LEONCE A propos, hatten Sie nicht noch etwas auf der Zunge? Geben Sie nur Alles von sich.

PRÄSIDENT An dem Tage der Vermählung ist ein höchster Wille gesonnen, seine allerhöchsten Willensäußerungen in die Hände Eurer Hoheit niederzulegen.

LEONCE Sagen Sie einem höchsten Willen, daß ich Alles tun werde, das ausgenommen, was ich werde bleiben lassen, was aber jedenfalls nicht soviel sein wird, als wenn es noch einmal soviel wäre. – Meine Herren, Sie entschuldigen, daß ich Sie nicht begleite, ich habe gerade die Passion zu sitzen, aber meine Gnade ist so groß, daß ich sie mit den Beinen kaum ausmessen kann. *Er spreizt die Beine auseinander.* Herr Präsident, nehmen Sie doch das Maß, damit Sie mich später daran erinnern. Valerio, gib den Herren das Geleite.

VALERIO Das Geläute? Soll ich dem Herrn Präsidenten eine Schelle anhängen? Soll ich sie führen, als ob sie auf allen Vieren gingen?

LEONCE Mensch, du bist nichts, als ein schlechtes Wortspiel. Du hast weder Vater noch Mutter, sondern die fünf Vokale haben dich miteinander erzeugt.

VALERIO Und Sie, Prinz, sind ein Buch ohne Buchstaben, mit nichts als Gedankenstrichen. Kommen Sie jetzt, meine Herren. Es ist eine traurige Sache um das Wort Kommen. Will man

ein Einkommen, so muß man stehlen, an ein Aufkommen ist nicht zu denken, als wenn man sich hängen läßt, ein Unterkommen findet man erst, wenn man begraben wird, und ein Auskommen hat man jeden Augenblick mit seinem Witz, wenn man nichts mehr zu sagen weiß, wie ich zum Beispiel eben, und Sie, ehe Sie noch etwas gesagt haben. Ihr Abkommen haben Sie gefunden, und Ihr Fortkommen werden Sie jetzt zu suchen ersucht.
Staatsrat und Valerio ab.

LEONCE *allein:* Wie gemein ich mich zum Ritter an den armen Teufeln gemacht habe! Es steckt nun aber doch einmal ein gewisser Genuß in einer gewissen Gemeinheit. – Hm! Heiraten! Das heißt einen Ziehbrunnen leer trinken. O Shandy, alter Shandy, wer mir deine Uhr schenkte! –
Valerio kommt zurück.
Ach Valerio, hast du es gehört?

VALERIO Nun, Sie sollen König werden. Das ist eine lustige Sache. Man kann den ganzen Tag spazieren fahren und den Leuten die Hüte verderben durch's viele Abziehen, man kann aus ordentlichen Menschen ordentliche Soldaten ausschneiden, so daß Alles ganz natürlich wird, man kann schwarze Fräcke und weiße Halsbinden zu Staatsdienern machen, und wenn man stirbt, so laufen alle blanken Knöpfe blau an, und die Glockenstricke reißen wie Zwirnsfäden vom vielen Läuten. Ist das nicht unterhaltend?

LEONCE Valerio! Valerio! Wir müssen was Anderes treiben. Rate!

VALERIO Ach die Wissenschaft, die Wissenschaft! Wir wollen Gelehrte werden! a priori? oder a posteriori?

LEONCE a priori, das muß man bei meinem Herrn Vater lernen; und a posteriori fängt Alles an, wie ein altes Märchen: es war einmal!

VALERIO So wollen wir Helden werden. *Er marschiert trompetend und trommelnd auf und ab.* Trom – trom – pläre – plem!

LEONCE Aber der Heroismus fuselt abscheulich und bekommt das Lazarettfieber und kann ohne Lieutenants und Rekruten nicht bestehen. Pack dich mit deiner Alexanders- und Napoleonsromantik!

VALERIO So wollen wir Genies werden.

LEONCE Die Nachtigall der Poesie schlägt den ganzen Tag über unserm Haupt, aber das Feinste geht zum Teufel, bis wir ihr die Federn ausreißen und in die Tinte oder die Farbe tauchen.

VALERIO So wollen wir nützliche Mitglieder der menschlichen Gesellschaft werden.

LEONCE Lieber möchte ich meine Demission als Mensch geben.

VALERIO So wollen wir zum Teufel gehen.

LEONCE Ach der Teufel ist nur des Kontrastes wegen da, damit wir begreifen sollen, daß am Himmel doch eigentlich etwas sei. *Aufspringend.* Ah Valerio, Valerio, jetzt hab' ich's! Fühlst du nicht das Wehen aus Süden? Fühlst du nicht, wie der tiefblaue, glühende Äther auf und ab wogt, wie das Licht blitzt von dem goldnen, sonnigen Boden, von der heiligen Salzflut und von den Marmor-Säulen und Leibern? Der große Pan schläft, und die ehernen Gestalten träumen im Schatten über den tiefrauschenden Wellen von dem alten Zauberer Virgil, von Tarantella und Tambourin und tiefen, tollen Nächten voll Masken, Fackeln und Guitarren.

Ein Lazzaroni! Valerio! Ein Lazzaroni! Wir gehen nach Italien.

VIERTE SZENE
EIN GARTEN

Prinzessin Lena im Brautschmuck. Die Gouvernante

LENA Ja, jetzt. Da ist es. Ich dachte die Zeit an nichts. Es ging so hin, und auf einmal richtet sich der Tag vor mir auf. Ich habe den Kranz im Haar – und die Glocken, die Glocken! *Sie lehnt sich zurück und schließt die Augen.* Sieh, ich wollte, der Rasen wüchse so über mich und die Bienen summten über mir hin; sieh, jetzt bin ich eingekleidet und habe Rosmarin im Haar. Gibt es nicht ein altes Lied:
Auf dem Kirchhof will ich liegen,
Wie ein Kindlein in der Wiegen.

GOUVERNANTE Armes Kind, wie Sie bleich sind unter Ihren blitzenden Steinen.

LENA O Gott, ich könnte lieben, warum nicht? Man geht ja so einsam und tastet nach einer Hand, die einen hielte, bis die Leichenfrau die Hände auseinandernähme und sie jedem über der Brust faltete. Aber warum schlägt man einen Nagel durch zwei Hände, die sich nicht suchten? Was hat meine arme Hand getan? *Sie zieht einen Ring vom Finger.* Dieser Ring sticht mich wie eine Natter.

GOUVERNANTE Aber – er soll ja ein wahrer Don Carlos sein.

LENA Aber – ein Mann –

GOUVERNANTE Nun?

LENA Den man nicht liebt. *Sie erhebt sich.* Pfui! Siehst du, ich schäme mich. – Morgen ist aller Duft und Glanz von mir gestreift. Bin ich denn, wie die arme, hilflose Quelle, die jedes Bild, das sich über sie bückt, in ihrem stillen Grund abspiegeln muß? Die Blumen öffnen und schließen, wie sie wollen, ihre Kelche der Morgensonne und dem Abendwind. Ist denn die Tochter eines Königs weniger, als eine Blume?

GOUVERNANTE *weinend:* Lieber Engel, du bist doch ein wahres Opferlamm.

LENA Ja wohl – und der Priester hebt schon das Messer. – Mein Gott, mein Gott, ist es denn wahr, daß wir uns selbst erlösen müssen mit unserem Schmerz? Ist es denn wahr, die Welt sei ein gekreuzigter Heiland, die Sonne seine Dornenkrone und die Sterne die Nägel und Speere in seinen Füßen und Lenden?

GOUVERNANTE Mein Kind, mein Kind! ich kann dich nicht so sehen. – Es kann nicht so gehen, es tötet dich. Vielleicht, wer weiß! Ich habe so etwas im Kopf. Wir wollen sehen. Komm! *Sie führt die Prinzessin weg.*

ZWEITER AKT

Wie ist mir eine Stimme doch erklungen
Im tiefsten Innern,
Und hat mit einemmale mir verschlungen
All mein Erinnern.
Adelbert von Chamisso

ERSTE SZENE
FREIES FELD. EIN WIRTSHAUS IM HINTERGRUND

Leonce und Valerio, der einen Pack trägt, treten auf.

VALERIO *keuchend:* Auf Ehre, Prinz, die Welt ist doch ein ungeheuer weitläufiges Gebäude.

LEONCE Nicht doch! Nicht doch! Ich wage kaum die Hände auszustrecken, wie in einem engen Spiegelzimmer, aus Furcht überall anzustoßen, daß die schönen Figuren in Scherben auf dem Boden lägen und ich vor der kahlen nackten Wand stände.

VALERIO Ich bin verloren.

LEONCE Da wird Niemand einen Verlust dabei haben, als wer dich findet.

VALERIO Ich werde mich nächstens in den Schatten meines Schattens stellen.

LEONCE Du verflüchtigst dich ganz an der Sonne. Siehst du die schöne Wolke da oben? Sie ist wenigstens ein Viertel von dir. Sie sieht ganz wohlbehaglich auf deine gröberen materiellen Stoffe herab.

VALERIO Die Wolke könnte Ihrem Kopfe nichts schaden, wenn man sie Ihnen Tropfen für Tropfen darauf fallen ließe. – Ein köstlicher Einfall. Wir sind schon durch ein Dutzend Fürstentümer, durch ein halbes Dutzend Großherzogtümer und durch ein paar Königreiche gelaufen, und das in der größten Übereilung in einem halben Tag und warum? Weil man König werden und eine schöne Prinzessin heiraten soll. Und Sie leben noch in einer solchen Lage? Ich begreife Ihre Resignation nicht. Ich begreife nicht, daß Sie nicht Arsenik genommen, sich auf das Geländer des Kirchturms gestellt und sich eine Kugel durch den Kopf gejagt haben, um es ja nicht zu verfehlen.

LEONCE Aber Valerio, die Ideale! Ich habe das Ideal eines Frauenzimmers in mir und muß es suchen. Sie ist unendlich schön und unendlich geistlos. Die Schönheit ist da so hilflos, so rührend, wie ein neugebornes Kind. Es ist ein köstlicher Kontrast: diese himmlisch stupiden Augen, dieser göttlich einfältige Mund, dieses schafnasige griechische Profil, dieser geistige Tod in diesem geistigen Leib.

VALERIO Teufel! da sind wir schon wieder auf der Grenze. Das ist ein Land, wie eine Zwiebel, nichts als Schalen, oder wie ineinandergesteckte Schachteln, in der größten sind nichts als Schachteln und in der kleinsten ist gar nichts. *Er wirft seinen Pack zu Boden.* Soll denn dieser Pack mein Grabstein werden? Sehen Sie Prinz, ich werde philosophisch, ein Bild des menschlichen Lebens. Ich schleppe diesen Pack mit wunden Füßen durch Frost und Sonnenbrand, weil ich Abends ein reines Hemd anziehen will, und wenn endlich der Abend kommt, so ist meine Stirne gefurcht, meine Wange hohl, mein Auge dunkel und ich habe grade noch Zeit, mein Hemd anzuziehen als Totenhemd.

Hätte ich nun nicht gescheiter getan, ich hätte mein Bündel vom Stecken gehoben und es in der ersten besten Kneipe verkauft, und hätte mich dafür betrunken und im Schatten geschlafen, bis es Abend geworden wäre, und hätte nicht geschwitzt und mir keine Leichdörner gelaufen? Und Prinz, jetzt kommt die Anwendung und die Praxis. Aus lauter Schamhaftigkeit wollen wir jetzt auch den inneren Menschen bekleiden und Rock und Hosen inwendig anziehen. *Beide gehen auf ein Wirtshaus los.* Ei du lieber Pack, welch' ein köstlicher Duft, welche Weindüfte und Bratengerüche! Ei ihr lieben Hosen, wie wurzelt ihr im Boden und grünt und blüht, und die langen, schweren Trauben hängen mir [ins Maul] und der Most gärt unter der Kelter. *Sie gehen ab.*

Prinzessin Lena. Die Gouvernante kommen.

DIE GOUVERNANTE Es muß ein bezauberter Tag sein, die Sonne geht nicht unter, und es ist so unendlich lang seit unsrer Flucht.

LENA Nicht doch, meine Liebe, die Blumen sind ja kaum welk, die ich zum Abschied brach, als wir aus dem Garten gingen.

GOUVERNANTE Und wo sollen wir ruhen? Wir sind noch auf gar nichts gestoßen. Ich sehe kein Kloster, keinen Eremiten, keinen Schäfer.

LENA Wir haben Alles wohl anders geträumt mit unseren Büchern, hinter der Mauer unseres Gartens, zwischen unseren Myrthen und Oleandern.

GOUVERNANTE O die Welt ist abscheulich! An einen irrenden Königssohn ist gar nicht zu denken.

LENA O sie ist schön und so weit, so unendlich weit. Ich möchte immer so fort gehen, Tag und Nacht. Es rührt sich nichts. Ein roter Blumenschein spielt über die Wiesen, und die fernen Berge liegen auf der Erde wie ruhende Wolken.

GOUVERNANTE Du mein Jesus, was wird man sagen? Und doch ist es so zart und weiblich! Es ist eine Entsagung. Es ist wie die Flucht der heiligen Odilia. Aber wir müssen ein Obdach suchen. Es wird Abend.

LENA Ja, die Pflanzen legen ihre Fiederblättchen zum Schlaf zusammen, und die Sonnenstrahlen wiegen sich an den Grashalmen, wie müde Libellen.

ZWEITE SZENE
DAS WIRTSHAUS AUF EINER ANHÖHE, AN EINEM FLUSS, WEITE AUSSICHT. DER GARTEN VOR DEMSELBEN

Valerio. Leonce

VALERIO Nun Prinz, liefern Ihre Hosen nicht ein köstliches Getränk? Laufen Ihnen Ihre Stiefel nicht mit der größten Leichtigkeit die Kehle hinunter?

LEONCE Siehst du die alten Bäume, die Hecken, die Blumen, das Alles hat seine Geschichten, seine lieblichen, heimlichen Geschichten. Siehst du die großen freundlichen Gesichter unter den Reben an der Haustüre? Wie sie sitzen und sich bei den Händen halten und Angst haben, daß sie so alt sind und die Welt noch so jung ist. O Valerio, und ich bin so jung, und die Welt ist so alt. Ich bekomme manchmal eine Angst um mich und könnte mich in eine Ecke setzen und heiße Tränen weinen aus Mitleid mit mir.

VALERIO *gibt ihm ein Glas:* Nimm diese Glocke, diese Taucherglocke, und senke dich in das Meer des Weines, daß es Perlen über dir schlägt. Sieh', wie die Elfen über den Kelch der Weinblume schweben, goldbeschuht, die Zymbeln schlagend.

LEONCE *aufspringend:* Komm Valerio, wir müssen was treiben, was treiben. Wir wollen uns mit tiefen Gedanken abgeben, wir wollen untersuchen, wie es kommt, daß der Stuhl auf drei Beinen steht und nicht auf zwei [, daß man sich die Nase mit Hülfe der Hände putzt und nicht wie die Fliegen mit den Füßen]. Komm, wir wollen Ameisen zergliedern, Staubfäden zählen; ich werde es doch noch zu [irgend] einer [fürstlichen] Liebhaberei bringen. Ich werde doch noch eine Kinderrassel finden, die mir erst aus der Hand fällt, wenn ich Flocken lese und an der Decke zupfe. Ich habe noch eine gewisse Dosis Enthusiasmus zu verbrauchen; aber wenn ich Alles recht warm gekocht habe, so brauche ich eine unendliche Zeit, um einen Löffel zu finden, mit dem ich das Gericht esse, und darüber steht es ab.

VALERIO Ergo bibamus. Diese Flasche ist keine Geliebte, keine Idee, sie macht keine Geburtsschmerzen, sie wird nicht langweilig, wird nicht treulos, sie bleibt eins vom ersten Tropfen bis zum letzten. Du brichst das Siegel, und alle Träume, die in ihr schlummern, sprühen dir entgegen.

LEONCE O Gott! Die Hälfte meines Lebens soll ein Gebet sein, wenn mir nur ein Strohhalm beschert wird, auf dem ich reite, wie auf einem prächtigen Roß, bis ich selbst auf dem Stroh liege. – Welch' unheimlicher Abend! Da unten ist Alles still, und da oben wechseln und ziehen die Wolken, und der Sonnenschein geht und kommt wieder. Sieh, was seltsame Gestalten sich dort jagen, sieh die langen weißen Schatten mit den entsetzlich mageren Beinen und Fledermausschwingen, und Alles so rasch, so wirr, und da unten rührt sich kein Blatt, kein Halm. Die Erde hat sich ängstlich zusammengeschmiegt, wie ein Kind, und über ihre Wiege schreiten die Gespenster.

VALERIO Ich weiß nicht, was Ihr wollt, mir ist ganz behaglich zu Mut. Die Sonne sieht aus, wie ein Wirtshausschild, und die feurigen Wolken darüber wie die Aufschrift: »Wirtshaus zur goldenen Sonne.« Die Erde und das Wasser da unten sind wie ein Tisch, auf dem Wein verschüttet ist, und wir liegen darauf wie Spielkarten, mit denen Gott und der Teufel aus Langeweile eine Partie machen, und Ihr seid ein Kartenkönig, und ich bin ein Kartenbube, es fehlt nur noch eine Dame, eine schöne Dame, mit einem großen Lebkuchenherz auf der Brust und einer mächtigen Tulpe, worin die lange Nase sentimental versinkt *die Gouvernante und die Prinzessin treten auf,* und – bei Gott – da ist sie! Es ist aber eigentlich keine Tulpe, sondern eine Prise Tabak, und es ist eigentlich keine Nase, sondern ein Rüssel! *Zur Gouvernante:* Warum schreiten Sie, Werteste, so eilig, daß man Ihre weiland Waden bis zu Ihren respektabeln Strumpfbändern sieht?

GOUVERNANTE *heftig erzürnt, bleibt stehen:* Warum reißen Sie, Geehrtester, [das Maul] so weit auf, daß Sie einem ein Loch in die Aussicht machen?

VALERIO Damit Sie, Geehrteste, sich die Nase am

Horizont nicht blutig stoßen. Solch' eine Nase ist wie der Turm auf Libanon, der gen Damascum steht.

LENA *zur Gouvernante:* Meine Liebe, ist denn der Weg so lang?

LEONCE *träumend vor sich hin:* O jeder Weg ist lang. Das Picken der Totenuhr in unserer Brust ist langsam, und jeder Tropfen Blut mißt seine Zeit, und unser Leben ist ein schleichend Fieber. Für müde Füße ist jeder Weg zu lang …

LENA *die ihm ängstlich sinnend zuhört:* Und müden Augen jedes Licht zu scharf, und müden Lippen jeder Hauch zu schwer *lächelnd,* und müden Ohren jedes Wort zu viel. *Sie tritt mit der Gouvernante in das Haus.*

LEONCE O lieber Valerio! Könnte ich nicht auch sagen: »sollte nicht dies und ein Wald von Federbüschen nebst ein Paar gepufften Rosen auf meinen Schuhen –?« Ich hab' es, glaub' ich, ganz melancholisch gesagt. Gott sei Dank, daß ich anfange, mit der Melancholie niederzukommen. Die Luft ist nicht mehr so hell und kalt, der Himmel senkt sich glühend dicht um mich, und schwere Tropfen fallen. – O diese Stimme: i s t d e n n d e r W e g s o l a n g? Es reden viele Stimmen über die Erde, und man meint, sie sprächen von anderen Dingen, aber ich habe sie verstanden. Sie ruht auf mir wie der Geist, da er über den Wassern schwebte, – eh' das Licht ward. Welch' Gären in der Tiefe, welch' Werden in mir, wie sich die Stimme durch den Raum gießt. – Ist denn der Weg so lang? *Geht ab.*

VALERIO Nein, der Weg zum Narrenhaus ist nicht so lang, er ist leicht zu finden, ich kenne alle Fußpfade, alle Vizinalwege und Chausseen. Ich sehe ihn schon auf einer breiten Allee dahin, an einem eiskalten Wintertage, den Hut unter dem Arm, wie er sich in die langen Schatten unter die kahlen Bäume stellt und mit dem Schnupftuch fächelt. – Er ist ein Narr! *Folgt ihm.*

DRITTE SZENE
EIN ZIMMER

Lena. Die Gouvernante

GOUVERNANTE Denken Sie nicht an den Menschen.

LENA Er war so alt unter seinen blonden Locken. Den Frühling auf den Wangen, und den Winter im Herzen. Das ist traurig. Der müde Leib findet sein Schlafkissen überall, doch wenn der Geist müd' ist, wo soll er ruhen? Es kommt mir ein entsetzlicher Gedanke, ich glaube, es gibt Menschen, die unglücklich sind, unheilbar, bloß weil s i e s i n d. *Sie erhebt sich.*

GOUVERNANTE Wohin mein Kind?

LENA Ich will hinunter in den Garten.

GOUVERNANTE Aber –

LENA Aber, liebe Mutter, du weißt, man hätte mich eigentlich in eine Scherbe setzen sollen, Ich brauche Tau und Nachtluft, wie die Blumen. – Hörst du die Harmonie des Abends? Wie die Grillen den Tag einsingen und die Nachtviolen ihn mit ihrem Duft einschläfern! Ich kann nicht im Zimmer bleiben. Die Wände fallen auf mich.

VIERTE SZENE
DER GARTEN. NACHT UND MONDSCHEIN

Man sieht Lena auf dem Rasen sitzend.

VALERIO *in einiger Entfernung:* Es ist eine schöne Sache um die Natur, sie wäre aber doch noch schöner, wenn es keine Schnaken gäbe, die Wirtsbetten etwas reinlicher wären und die Totenuhren nicht so in den Wänden pickten. Drin schnarchen die Menschen, und da außen quaken die Frösche, drin pfeifen die Hausgrillen und da außen die Feldgrillen. Lieber Rasen, dies ist ein rasender Entschluß. [*Er legt sich auf den Rasen nieder.*]

Leonce tritt auf, bemerkt die Prinzessin und nähert sich ihr leise.

LENA *spricht vor sich hin:* Die Grasmücke hat im Traum gezwitschert. – Die Nacht schläft tiefer, ihre Wange wird bleicher und ihr Atem stiller. Der Mond ist wie ein schlafendes Kind, die goldnen Locken sind ihm im Schlaf über das liebe Gesicht heruntergefallen. – Oh, sein Schlaf ist Tod. Wie der tote Engel auf seinem dunkeln Kissen ruht und die Sterne gleich Kerzen um ihn brennen! Armes Kind! Es ist traurig, tot und so allein.

LEONCE Steh' auf in deinem weißen Kleid und wandle hinter der Leiche durch die Nacht und singe ihr das Sterbelied.

LENA Wer spricht da?

LEONCE Ein Traum.

LENA Träume sind selig.

LEONCE So träume dich selig und laß mich dein seliger Traum sein.

LENA Der Tod ist der seligste Traum.

LEONCE So laß mich dein Todesengel sein. Laß meine Lippen sich gleich seinen Schwingen auf deine Augen senken. *Er küßt sie.* Schöne Leiche, du ruhst so lieblich auf dem schwarzen Bahrtuche der Nacht, daß die Natur das Leben haßt und sich in den Tod verliebt.

LENA Nein, laß mich. *Sie springt auf und entfernt sich rasch.*

LEONCE Zu viel! Zu viel! Mein ganzes Sein ist in dem einen Augenblick. Jetzt stirb. Mehr ist unmöglich. Wie frischatmend, schönheitglänzend ringt die Schöpfung sich aus dem Chaos mir entgegen. Die Erde ist eine Schale von dunklem Gold, wie schäumt das Licht in ihr und flutet über ihren Rand, und hellauf perlen daraus die Sterne. Dieser eine Tropfen Seligkeit macht mich zu einem köstlichen Gefäß. Hinab, heiliger Becher! *Er will sich in den Fluß stürzen.*

VALERIO *springt auf und umfaßt ihn:* Halt, Serenissime!

LEONCE Laß mich!

VALERIO Ich werde Sie lassen, sobald Sie gelassen sind und das Wasser zu lassen versprechen.

LEONCE Dummkopf!

VALERIO Ist denn Eure Hoheit noch nicht über die Lieutenantsromantik hinaus: das Glas zum Fenster hinaus zu werfen, womit man die Gesundheit seiner Geliebten getrunken?

LEONCE Ich glaube halbwegs, du hast Recht.

VALERIO Trösten Sie sich. Wenn Sie auch nicht heute Nacht unter dem Rasen schlafen, so schlafen Sie wenigstens darauf. Es wäre ein eben so selbstmörderischer Versuch, in eins von den Betten gehen zu wollen. Man liegt auf dem Stroh, wie ein Toter, und wird von [den Flöhen] gestochen, wie ein Lebendiger.

LEONCE Meinetwegen. *Er legt sich ins Gras.* Mensch, du hast mich um den schönsten Selbstmord gebracht. Ich werde in meinem Leben keinen so vorzüglichen Augenblick mehr dazu finden, und das Wetter ist vortrefflich. Jetzt bin ich schon aus der Stimmung. Der Kerl hat mir mit seiner gelben Weste und seinen himmelblauen Hosen Alles verdorben. – Der Himmel beschere mir einen recht gesunden, plumpen Schlaf.

VALERIO Amen – und ich habe ein Menschenleben gerettet und werde mir mit meinem guten Gewissen heute Nacht den Leib warm halten. Wohl bekomm's, Valerio!

DRITTER AKT

ERSTE SZENE

Leonce. Valerio

VALERIO Heiraten? Seit wann hat es Eure Hoheit zum ewigen Kalender gebracht?

LEONCE Weißt du auch, Valerio, daß selbst der Geringste unter den Menschen so groß ist, daß das Leben noch viel zu kurz ist, um ihn lieben zu können? Und dann kann ich doch einer gewissen Art von Leuten, die sich einbilden, daß nichts so schön und heilig sei, daß sie es nicht noch schöner und heiliger machen müßten, die Freude lassen. Es liegt ein gewisser Genuß in dieser lieben Arroganz. Warum soll ich ihnen denselben nicht gönnen?

VALERIO Sehr human und philobestialisch. Aber weiß sie auch, wer Sie sind?

LEONCE Sie weiß nur, daß sie mich liebt.

VALERIO Und weiß Eure Hoheit auch, wer sie ist?

LEONCE Dummkopf! Frag' doch die Nelke und die Tauperle nach ihrem Namen.

VALERIO Das heißt, sie ist überhaupt etwas, wenn das nicht schon zu unzart ist und nach dem Signalement schmeckt. – Aber wie soll das gehen? Hm! – Prinz, bin ich Minister, wenn Sie heute vor Ihrem Vater mit der Unaussprechlichen, Namenlosen mittelst des Ehesegens zusammengeschmiedet werden? Ihr Wort?

LEONCE Mein Wort!

VALERIO Der arme Teufel Valerio empfiehlt sich Seiner Exzellenz dem Herrn Staatsminister Valerio von Valerieental. – »Was will der Kerl? Ich kenne ihn nicht. Fort Schlingel!«
Er läuft weg;
Leonce folgt ihm.

ZWEITE SZENE
FREIER PLATZ VOR DEM SCHLOSSE DES KÖNIGS PETER

Der Landrat. Der Schulmeister. Bauern im Sonntagsputz, Tannenzweige haltend.

LANDRAT Lieber Herr Schulmeister, wie halten sich Eure Leute?

SCHULMEISTER Sie halten sich so gut in ihren Leiden, daß sie sich schon seit geraumer Zeit aneinander halten. Sie gießen brav Spiritus an sich, sonst könnten sie sich in der Hitze unmöglich so lange halten. Courage, ihr Leute! Streckt eure Tannenzweige gerade vor euch hin, damit man meint, ihr wäret ein Tannenwald und eure Nasen die Erdbeeren und eure Dreimaster die Hörner vom Wildpret und eure hirschledernen Hosen der Mondschein darin, und, merkt's euch, der Hinterste läuft immer wieder vor den Vordersten, damit es aussieht, als wäret ihr ins Quadrat erhoben.

LANDRAT Und, Schulmeister, Ihr steht vor die Nüchternheit.

SCHULMEISTER Versteht sich, denn ich kann vor Nüchternheit kaum noch stehen.

LANDRAT Gebt Acht, Leute, im Programm steht: sämtliche Untertanen werden von freien Stücken, reinlich gekleidet, wohlgenährt und mit zufriedenen Gesichtern sich längs der Landstraße aufstellen. Macht uns keine Schande.

SCHULMEISTER Seid standhaft! Kratzt euch nicht hinter den Ohren und schneuzt euch die Nasen nicht [mit den Fingern], so lange das hohe Paar vorbeifährt, und zeigt die gehörige Rührung, oder es werden rührende Mittel gebraucht werden. Erkennt, was man für euch tut, man hat euch gerade so gestellt, daß der Wind von der Küche über euch geht und ihr auch einmal in eurem Leben einen Braten riecht. Könnt ihr noch eure Lektion? He! Vi!

DIE BAUERN Vi!

SCHULMEISTER Vat!

DIE BAUERN Vat!

SCHULMEISTER Vivat!

DIE BAUERN Vivat!

SCHULMEISTER So Herr Landrat, Sie sehen, wie die Intelligenz im Steigen ist. Bedenken Sie, es ist Latein. Wir geben aber auch heut Abend einen transparenten Ball mittelst der Löcher in unseren Jacken und Hosen, und schlagen uns mit unseren Fäusten Kokarden an die Köpfe.

DRITTE SZENE

GROSSER SAAL. GEPUTZTE HERREN UND DAMEN, SORGFÄLTIG GRUPPIERT.

Der Zeremonienmeister mit einigen Bedienten auf dem Vordergrunde.

ZEREMONIENMEISTER Es ist ein Jammer. Alles geht zu Grund. Die Braten schnurren ein. Alle Glückwünsche stehen ab. Alle Vatermörder legen sich um, wie melancholische Schweinsohren. Den Bauern wachsen die Nägel und der Bart wieder. Den Soldaten gehen die Locken auf. Von den zwölf Unschuldigen ist Keine, die nicht das horizontale Verhalten dem senkrechten vorzöge. Sie sehen in ihren weißen Kleidchen aus, wie erschöpfte Seidenhasen, und der Hofpoet grunzt um sie herum, wie ein bekümmertes Meerschweinchen. Die Herren Offiziere kommen um all ihre Haltung. [*Zu einem Diener:* Sage doch dem Herrn Kandidaten, er möge seine Buben einmal das Wasser abschlagen lassen. – Der arme Herr Hofprediger! Sein Frack läßt den Schweif ganz melancholisch hängen. Ich glaube er hat Ideale und verwandelt alle Kammerherrn in Kammerstühle. Er ist müde vom Stehen.

ZWEITER BEDIENTER Alles Fleisch verdirbt vom Stehen. Auch der Hofprediger ist ganz abgestanden, seit er heut Morgen aufgestanden.]

ZEREMONIENMEISTER Die Hofdamen stehen da, wie Gradierbäu[m]e. Das Salz krystallisiert an ihren Halsketten.

ZWEITER BEDIENTER Sie machen es sich wenigstens bequem; man kann ihnen nicht nachsagen, daß sie auf den Schultern trügen. Wenn sie auch nicht offenherzig sind, so sind sie doch offen bis zum Herzen.

ZEREMONIENMEISTER Ja, sie sind gute Karten vom türkischen Reiche, man sieht die Dardanellen und das Marmormeer. Fort, ihr Schlingel! An die Fenster! Da kommt Ihro Majestät.

König Peter und der Staatsrat treten ein.

PETER Auch die Prinzessin ist verschwunden. Hat man noch keine Spur von unserm geliebten Erbprinzen? Sind meine Befehle befolgt? Werden die Grenzen beobachtet?

ZEREMONIENMEISTER Ja, Majestät. Die Aussicht von diesem Saale gestattet uns die strengste Aufsicht. *Zu dem ersten Bedienten:* Was hast du gesehen?

ERSTER BEDIENTER Ein Hund, der seinen Herrn sucht, ist durch das Reich gelaufen.

ZEREMONIENMEISTER *zu einem andern:* Und du?

ZWEITER BEDIENTER Es geht jemand auf der Nordgrenze spazieren, aber es ist nicht der Prinz, ich könnte ihn erkennen.

ZEREMONIENMEISTER Und du?

DRITTER BEDIENTER Sie verzeihen. Nichts.

ZEREMONIENMEISTER Das ist sehr wenig. Und du?

VIERTER BEDIENTER Auch nichts.

ZEREMONIENMEISTER Das ist eben so wenig.

PETER Aber, Staatsrat, habe ich nicht den Beschluß gefaßt, daß meine königliche Majestät sich an diesem Tage freuen, und daß an ihm die Hochzeit gefeiert werden sollte? War das nicht unser festester Entschluß?

PRÄSIDENT Ja, Eure Majestät, so ist es protokolliert und aufgezeichnet.

PETER Und würde ich mich nicht kompromittieren, wenn ich meinen Beschluß nicht ausführte?

PRÄSIDENT Wenn es anders für Eure Majestät möglich wäre, sich zu kompromittieren, so wäre dies ein Fall, worin sie sich kompromittieren könnte.

PETER Habe ich nicht mein königliches Wort gegeben? – Ja, ich werde meinen Beschluß sogleich ins Werk setzen, ich werde mich freuen, *Er reibt sich die Hände.* O ich bin außerordentlich froh!

PRÄSIDENT Wir teilen sämtlich die Gefühle Eurer Majestät, so weit es für Untertanen möglich und schicklich ist.

PETER O, ich weiß mir vor Freude nicht zu helfen. Ich werde meinen Kammerherren rote Röcke machen lassen, ich werde einige Kadetten zu Lieutenants machen, ich werde meinen Untertanen erlauben – aber, aber – die Hochzeit? Lautet die andere Hälfte des Beschlusses nicht, daß die Hochzeit gefeiert werden sollte?

PRÄSIDENT Ja, Eure Majestät.

PETER Ja, wenn aber der Prinz nicht kommt und die Prinzessin auch nicht?

PRÄSIDENT Ja, wenn der Prinz nicht kommt und die Prinzessin auch nicht, – dann – dann –

PETER Dann, dann?

PRÄSIDENT Dann können sie sich eben nicht heiraten.

PETER Halt, ist der Schluß logisch? Wenn – dann. – Richtig! Aber mein Wort, mein königliches Wort!

PRÄSIDENT Tröste Eure Majestät sich mit anderen Majestäten. Ein königliches Wort ist ein Ding, – ein Ding, – ein Ding, – das nichts ist.

PETER *zu den Dienern:* Seht Ihr noch nichts?

DIE DIENER Eure Majestät, nichts, gar nichts.

PETER Und ich hatte beschlossen, mich so zu freuen; grade mit dem Glockenschlag wollte ich anfangen und wollte mich freuen volle zwölf Stunden, – ich werde ganz melancholisch.

PRÄSIDENT Alle Untertanen werden aufgefordert, die Gefühle Ihrer Majestät zu teilen.

ZEREMONIENMEISTER Denjenigen, welche kein Schnupftuch bei sich haben, ist das Weinen jedoch Anstandes halber untersagt.

ERSTER BEDIENTER Halt! Ich sehe etwas! Es ist etwas wie ein Vorsprung, wie eine Nase, das Übrige ist noch nicht über der Grenze; und dann seh' ich noch einen Mann, und dann zwei Personen entgegengesetzten Geschlechtes.

ZEREMONIENMEISTER In welcher Richtung?

ERSTER BEDIENTER Sie kommen näher. Sie gehen auf das Schloß zu. Da sind sie.

Valerio, Leonce, die Gouvernante und die Prinzessin treten maskiert auf.

PETER Wer seid Ihr?

VALERIO Weiß ich's? *Er nimmt langsam hintereinander mehrere Masken ab.* Bin ich das? oder das? oder das? Wahrhaftig, ich bekomme Angst, ich könnte mich so ganz auseinanderschälen und blättern.

PETER *verlegen:* Aber – aber etwas müßt Ihr dann doch sein?

VALERIO Wenn Eure Majestät es so befehlen. Aber, meine Herren, hängen Sie alsdann die Spiegel herum und verstecken Sie Ihre blanken Knöpfe etwas und sehen Sie mich nicht so an, daß ich mich in Ihren Augen spiegeln muß, oder ich weiß wahrhaftig nicht mehr, was ich eigentlich bin.

PETER Der Mensch bringt mich in Konfusion, zur Desperation. Ich bin in der größten Verwirrung.

VALERIO Aber eigentlich wollte ich einer hohen und geehrten Gesellschaft verkündigen, daß hiermit die zwei weltberühmten Automaten angekommen sind, und daß ich vielleicht der dritte und merkwürdigste von beiden bin, wenn ich eigentlich selbst recht wüßte, wer ich wäre, worüber man übrigens sich nicht wundern dürfte, da ich selbst gar nichts von dem weiß, was ich rede, ja auch nicht einmal weiß, daß ich es nicht weiß, so daß es höchst wahrscheinlich ist, daß man mich nur so reden läßt, und es eigentlich nichts als Walzen und Windschläuche sind, die das Alles sagen. *Mit schnarrendem Ton:* Sehen Sie hier, meine Herren und Damen, zwei Personen beiderlei Geschlechts, ein Männchen und ein Weibchen, einen Herrn und eine Dame. Nichts als Kunst und Mechanismus, nichts als Pappendeckel und Uhrfedern! Jede hat eine feine, feine Feder von Rubin unter dem Nagel der kleinen Zehe am rechten Fuß, man drückt ein klein wenig, und die Mechanik läuft volle fünfzig Jahre. Diese Personen sind so vollkommen gearbeitet, daß man sie von anderen Menschen gar nicht unterscheiden könnte, wenn man nicht wüßte, daß sie bloßer Pappdeckel sind; man könnte sie eigentlich zu Mitgliedern der menschlichen Gesellschaft machen. Sie sind sehr edel, denn sie sprechen hochdeutsch. Sie sind sehr moralisch, denn sie stehn auf den Glockenschlag auf, essen auf den Glockenschlag zu Mittag und gehn auf den Glockenschlag zu Bett, auch haben sie eine gute Verdauung, was beweist, daß sie ein gutes Gewissen haben. Sie haben ein feines sittliches Gefühl, denn die Dame hat gar kein Wort für den Begriff Beinkleider, und dem Herrn ist es rein unmöglich, hinter einem Frauenzimmer eine Treppe hinauf oder vor ihm hinunterzugehen. Sie sind sehr gebildet, denn die Dame singt alle neuen Opern, und der Herr trägt Manschetten. Geben Sie Acht, meine Herren und Damen, sie sind jetzt in einem interessanten Stadium, der Mechanismus der Liebe fängt an sich zu äußern, der Herr hat der Dame schon einige Mal den Shawl getragen, die Dame hat schon einige Mal die Augen verdreht und gen Himmel geblickt. Beide haben schon mehrmals geflüstert:

Glaube, Liebe, Hoffnung. Beide sehen bereits ganz akkordiert aus, es fehlt nur noch das winzige Wörtchen: Amen.

PETER *den Finger an die Nase [legend]:* In effigie? in effigie? Präsident, wenn man einen Menschen in effigie hängen läßt, ist das nicht eben so gut, als wenn er ordentlich gehängt würde?

PRÄSIDENT Verzeihen, Eure Majestät, es ist noch viel besser, denn es geschieht ihm kein Leid dabei, und er wird dennoch gehängt.

PETER Jetzt hab' ich's. Wir feiern die Hochzeit in effigie. *Auf Lena und Leonce deutend:* Das ist die Prinzessin, das ist der Prinz. – Ich werde meinen Beschluß durchsetzen, ich werde mich freuen. Laßt die Glocken läuten, macht Eure Glückwünsche zurecht, hurtig, Herr Hofprediger!

Der Hofprediger tritt vor, räuspert sich, blickt einige Mal gen Himmel.

VALERIO Fang' an! Laß deine vermaledeiten Gesichter und fang' an! Wohlauf!

HOFPREDIGER *in der größten Verwirrung:* Wenn wir – oder – aber –

VALERIO Sintemal und alldieweil –

HOFPREDIGER Denn –

VALERIO Es war vor Erschaffung der Welt –

HOFPREDIGER Daß –

VALERIO Gott lange Weile hatte –

PETER Machen Sie es nur kurz, Bester.

HOFPREDIGER *sich fassend:* Geruhen Eure Hoheit, Prinz Leonce vom Reiche Popo, und geruhen Eure Hoheit, Prinzessin Lena vom Reiche Pipi, und geruhen Eure Hoheiten gegenseitig, sich beiderseitig einander haben zu wollen, so sprechen Sie ein lautes und vernehmliches Ja.

LENA UND LEONCE Ja.

HOFPREDIGER So sage ich Amen.

VALERIO Gut gemacht, kurz und bündig; so wären dann das Männlein und Fräulein erschaffen, und alle Tiere im Paradies stehen um sie.

Leonce nimmt die Maske ab.

ALLE Der Prinz!

PETER Der Prinz! Mein Sohn! Ich bin verloren, ich bin betrogen! *Er geht auf die Prinzessin los.* Wer ist die Person? Ich lasse Alles für ungiltig erklären.

GOUVERNANTE *nimmt der Prinzessin die Maske ab, triumphierend:* Die Prinzessin!

LEONCE Lena?

LENA Leonce?

LEONCE Ei Lena, ich glaube, das war die Flucht in das Paradies.

LENA Ich bin betrogen.

LEONCE Ich bin betrogen.

LENA O Zufall!

LEONCE O Vorsehung!

VALERIO Ich muß lachen, ich muß lachen. Eure Hoheiten sind wahrhaftig durch den Zufall einanderzugefallen; ich hoffe, Sie werden dem Zufall zu Gefallen – Gefallen aneinander finden.

GOUVERNANTE Daß meine alten Augen endlich das sehen konnten! Ein irrender Königssohn! Jetzt sterb' ich ruhig.

PETER Meine Kinder, ich bin gerührt, ich weiß mir vor Rührung kaum zu helfen. Ich bin der glücklichste Mann! Ich lege aber auch hiermit feierlichst die Regierung in deine Hände, mein Sohn, und werde sogleich ungestört zu denken anfangen. Mein Sohn, du überlässest mir diese Weisen *er deutet auf den Staatsrat,* damit sie mich in meinen Bemühungen unterstützen. Kommen Sie, meine Herren, wir müssen denken, ungestört denken. *Er entfernt sich mit dem Staatsrat.* Der Mensch hat mich vorhin konfus gemacht, ich muß mir wieder heraushelfen.

LEONCE *zu den Anwesenden:* Meine Herren! meine Gemahlin und ich bedauern unendlich, daß Sie uns heute so lange zu Diensten gestanden sind. Ihre Stellung ist so traurig, daß wir um keinen Preis ihre Standhaftigkeit länger auf die Probe stellen möchten. Gehen Sie jetzt nach Hause, aber vergessen Sie Ihre Reden, Predigten und Verse nicht, denn morgen fangen wir in aller Ruhe und Gemütlichkeit den Spaß noch einmal von vorne an. Auf Wiedersehen! *Alle entfernen sich, Leonce, Lena, Valerio und die Gouvernante ausgenommen.*

LEONCE Nun Lena, siehst du jetzt, wie wir die Taschen voll haben, voll Puppen und Spielzeug? Was wollen wir damit anfangen, wollen wir ihnen

Schnurrbärte machen und ihnen Säbel anhängen? Oder wollen wir ihnen Fräcke anziehen und sie infusorische Politik und Diplomatie treiben lassen, und uns mit dem Mikroskop daneben setzen? Oder hast du Verlangen nach einer Drehorgel, auf der die milchweißen ästhetischen Spitzmäuse herumhuschen? Wollen wir ein Theater bauen?
Lena lehnt sich an ihn und schüttelt den Kopf.
Aber ich weiß besser, was du willst, wir lassen alle Uhren zerschlagen, alle Kalender verbieten, und zählen Stunden und Monden nur nach der Blumenuhr, nur nach Blüte und Frucht. Und dann umstellen wir das Ländchen mit Brennspiegeln, daß es keinen Winter mehr gibt, und wir uns im Sommer bis Ischia und Capri hinaufdestillieren, und das ganze Jahr zwischen Rasen und Veilchen, zwischen Orangen und Lorbeer stecken.

VALERIO Und ich werde Staatsminister, und es wird ein Dekret erlassen, daß, wer sich Schwielen in die Hände schafft, unter Kuratel gestellt wird; daß, wer sich krank arbeitet, kriminalistisch strafbar ist; daß jeder, der sich rühmt, sein Brot im Schweiße seines Angesichts zu essen, für verrückt und der menschlichen Gesellschaft gefährlich erklärt wird; und dann legen wir uns in den Schatten und bitten Gott um Makkaroni, Melonen und Feigen, um musikalische Kehlen, klassische Leiber und eine kommode Religion!

WOYZECK

PERSONEN

Woyzeck, Franz
Marie
Der Tambourmajor
Der Hauptmann
Der Doktor
Der Professor
Der Ausrufer einer Schaubude
Andres, Kamerad Woyzecks
Grossmutter
Karl, ein Idiot
Margreth, Nachbarin Maries
Käthe, ein Mädchen beim Tanz
Der Jude, ein Trödelhändler
Der Wirt
Ein Unteroffizier
Ein Gerichtsdiener
Erster Handwerksbursch
Zweiter Handwerksbursch
Erste Person
Zweite Person
Erstes Kind
Zweites Kind
Drittes Kind
Alter Mann
Christian, das Kind Maries und Woyzecks (etwa ein Jahr alt)
Ein Arzt (Gerichtsmediziner)
Ein Richter

Soldaten, Studenten, Leute. Ein Schaubudenpferd

1

FREIES FELD. DIE STADT IN DER FERNE

Woyzeck und Andres schneiden Stöcke im Gebüsch.

WOYZECK Ja Andres; den Streif da über das Gras hin, da rollt Abends der Kopf, es hob ihn einmal einer auf, er meint es wär' ein Igel. Drei Tag und drei Nächt und er lag auf den Hobelspänen *leise:* Andres, das waren die Freimaurer, ich hab's, die Freimaurer, still!

ANDRES *singt:* Saßen dort zwei Hasen
Fraßen ab das grüne, grüne Gras
...

WOYZECK Still! Es pocht! Was?

ANDRES Fraßen ab das grüne, grüne Gras
Bis auf den Rasen.

WOYZECK Es pocht hinter mir, unter mir *stampft auf den Boden* hohl, hörst du? Alles hohl da unten. Die Freimaurer!

ANDRES Ich fürcht mich.

WOYZECK S'ist so kurios still. Man möcht den Atem halten. Andres!

ANDRES Was?

WOYZECK Red was! *Starrt in die Gegend.* Andres! Wie hell! Ein Feuer fährt um den Himmel und ein Getös herunter wie Posaunen. Wie's heraufzieht! Fort. Sieh nicht hinter dich. *Reißt ihn in's Gebüsch.*

ANDRES *nach einer Pause:* Woyzeck! hörst du's noch?

WOYZECK Still, Alles still, als wär die Welt tot.

ANDRES Hörst du? Sie trommeln drin. Wir müssen fort.

2

MARIE MIT IHREM KIND AM FENSTER.
MARGRETH

Der Zapfenstreich geht vorbei, der Tambourmajor voran.

MARIE *das Kind wippend auf dem Arm:* He Bub! Sa ra ra ra!
Hörst? Da komme sie.

MARGRETH Was ein Mann, wie ein Baum.

MARIE Er steht auf seinen Füßen wie ein Löw.
Tambourmajor grüßt.

MARGRETH Ei, was freundliche Auge, Frau Nachbarin! so was is man an Ihr nit gewöhnt.

MARIE *singt:*

Soldaten das sind schöne Bursch

MARGRETH Ihre Auge glänze ja noch.

MARIE Und wenn! Trag Sie Ihr Auge zum Jud und laß Sie sie putzen, vielleicht glänze sie noch, daß man sie für zwei Knöpf verkaufe könnt.

MARGRETH Was Sie? Sie? Frau Jungfer, ich bin eine honette Person, aber Sie, Sie guckt [siebe] Paar lederne Hose durch!

MARIE Luder! *Schlägt das Fenster [zu].* Komm mein Bub. Was die Leut wollen. Bist doch nur en arm Hurenkind und machst deiner Mutter Freud mit deim unehrliche Gesicht. Sa! Sa! *Singt:*

Mädel, was fangst du jetzt an
Hast ein klein Kind und kein Mann.
Ei was frag ich danach
Sing ich die ganze Nacht
Heio popeio mein Bu. Juchhe!
Gibt mir kein Mensch nix dazu.

Hansel spann deine sechs Schimmel an
Gib ihn zu fresse auf's neu.
Kein Haber fresse sie
Kein Wasser saufe sie
Lauter kühle Wein muß es sein. Juchhe
Lauter kühle Wein muß es sein.

Es klopft am Fenster.

MARIE Wer da? Bist du's Franz? Komm herein!

WOYZECK Kann nit. Muß zum Verles.

MARIE Was hast du Franz?

WOYZECK *geheimnisvoll:* Marie, es war wieder was, viel, steht nicht gschrieben: und sieh da ging ein Rauch vom Land, wie der Rauch vom Ofen?

MARIE Mann!

WOYZECK Es ist hinter mir gegangen bis vor die Stadt. Was soll das werden?

MARIE Franz!

WOYZECK Ich muß fort. *Er geht.*

MARIE Der Mann! So vergeistert. Er hat sein Kind nicht angesehn. Er schnappt noch über mit den Gedanken. Was bist so still, Bub? Furchst' dich? Es wird so dunkel, man meint, man wär blind. Sonst scheint d[och] als die Latern herein. *Geht ab.* Ich halt's nicht aus. Es schauert mich.

3
BUDEN. LICHTER. VOLK

ALTER MANN *[mit] Kind, das tanzt. [Singt]:*

Auf der Welt ist kein Bestand
Wir müssen alle sterbe,
das ist uns wohlbekannt!

[WOYZECK] He! Hopsa! Arm Mann, alter Mann! Arm Kind! Junges Kind! Hei Marie, soll ich dich trage? Ein Mensch muß … damit er esse kann. Narre-Welt! Schön Welt!

AUSRUFER *an einer Bude:* Meine Herren, meine Damen, hier sind zu sehn das astronomische Pferd und die kleine Kanaillevögele, sind Liebling von alle Potentate Europas und Mitglied von alle gelehrte Sozietät; weissage de Leute Alles, wie alt, wie viel Kinder, was für Krankheit, schießt Pistol los, stellt sich auf ein Bein. Alles Erziehung, haben eine viehische Vernunft, oder vielmehr eine ganze vernünftige Viehigkeit, ist kei viehdummes Individuum wie viel Person, das verehrliche Publikum abgerechnet. H[erein!] Es wird sein die räpräsentation, das commencement vom commencement wird sogleich nehm sein Anfang. Meine Herren! Meine Herren! Sehn Sie die Kreatur, wie sie Gott gemacht, nix, gar nix. Sehen Sie jetzt die Kunst, geht aufrecht, hat Rock und Hosen, hat ein Säbel!

Sehn Sie die Fortschritte der Zivilisation. Alles schreitet fort, ei Pferd, ei Aff, ei Kanaillevogel. Der Aff' ist schon ei Soldat, s'ist noch nit viel, unterst Stuf von menschliche Geschlecht!

Die räpräsentation anfangen! Man mackt Anfang von Anfang.

WOYZECK Willst du?

MARIE Meinetwege. Das muß schön Dings sein. Was der Mensch Quasten hat, und die Frau hat Hosen.

4

UNTEROFFIZIER. TAMBOURMAJOR

[UNTEROFFIZIER] Halt, jetzt. Siehst du sie! Was ein' Weibsbild!

TAMBOURMAJOR Teufel, zum Fortpflanz von Kürassierregimentern und zur Zucht von Tambourmajors.

UNTEROFFIZIER Wie sie den Kopf trägt, man meint, das schwarze Haar müßt ihn abwärts ziehn, wie ei Gewicht, und Aug, schwarz ...

TAMBOURMAJOR Als ob man in ein Ziehbrunn oder zu ein Schornstei hinunteguckt. Fort hinte drein.

MARIE Was Lichte,

WOYZECK Ja ..., ei groß schwarze Katze mit feurige Auge. Hei, was'n Abend!

5

DAS INNERE DER BUDE

AUSRUFER *[mit dressiertem Pferd]:* Zeig' dein Talent! zeig dein viehische Vernünftigkeit! Bschäme die menschlich Sozietät! Meine Herrn dies Tier, was Sie da sehn, Schwanz am Leib, auf sei 4 Hufe ist Mitglied von alle gelehrte Sozietät, ist Professor an unsre Universität wo die Studente bei ihm reiten und schlage lernen. Das war einfacher Verstand! Denk jetzt mit der doppelten raison. Was machst du wann du mit der doppelten Räson denkst? Ist unter der gelehrten société da ein Esel?

Der Gaul schüttelt den Kopf.

Sehn Sie jetzt die doppelte Räson! Das ist

Viehsionomik. Ja das ist kei viehdummes Individuum, das ist ein Person!
Ei Mensch, ei tierische Mensch und doch ei Vieh, ei bête.
Das Pferd führt sich ungebührlich auf.
So bschäm die société! Sehn Sie das Vieh ist noch Natur unverdorbe Natur! Lern Sie bei ihm. Fragen Sie den Arzt es ist höchst schädlich! Das hat geheiße Mensch sei natürlich, du bist geschaffe Staub, Sand, Dreck. Willst du mehr sein als Staub, Sand, Dreck? Sehn Sie was Vernunft, es kann rechnen und kann doch nit an de Finger herzählen, warum? Kann sich nur nit ausdrücke, nur nit expliziern, ist ein verwandl[t]er Mensch! Sag den Herrn, wieviel Uhr es ist. Wer von den Herrn und Dam hat ein Uhr, ein Uhr?

TAMBOURMAJOR Eine Uhr! *Zieht großartig und gemessen eine Uhr aus der Tasche.* Da mein Herr.

MARIE Das muß ich sehn. *Sie klettert auf den 1. Platz. Tambourmajor hilft ihr.*

6

MARIE *allein.*

MARIE Der andre hat ihm befohlen und er hat gehn müsse. Ha! Ein Mann vor einem Andern.

7

DER HOF DES PROFESSORS

Studenten [und Doktor] unten, der Professor am Dachfenster.

[PROFESSOR] Meine Herrn, ich bin auf dem Dach, wie David, als er die Bathseba sah; aber ich sehe nichts als die culs de Paris der Mädchenpension im Garten trocknen. Meine Herren wir sind an der wichtigen Frage über das Verhältnis des Subjektes zum Objekt, wenn wir nur eins von den Dingen nehmen, worin [sich] die organische Selbstaffirmation des Göttlichen, auf einem der hohen Standpunkte manifestiert, und ihre Verhältnisse zum Raum, zur Erde, zum Planetarischen untersuchen, meine Herren, wenn ich diese Katze zum Fenster hinauswerf, wie wird diese Wesenheit sich zum centrum gravitationis und dem eignen Instinkt verhalten? He Woyzeck, *brüllt:* Woyzeck!

WOYZECK Herr Professor sie beißt.

PROFESSOR Kerl, Er greift die Bestie so zärtlich an, als wär's Sei Großmutter.

WOYZECK Herr Doktor ich hab's Zittern.

DOKTOR *ganz erfreut:* Ei, Ei, schön Woyzeck. *Reibt sich die Hände. Er nimmt die Katze.* Was seh' ich meine Herrn, die neue Species Hasenlaus, eine schöne Species, wesentlich verschieden, enfoncé, der Herr Doktor. *Er zieht eine Loupe heraus.* Ricinus, meine Herren –

Die Katze läuft fort.

Meine Herren, das Tier hat keinen wissenschaftlichen Instinkt.

[PROFESSOR] Ricinus, herauf, die schönsten Exemplare, bringen Sie Ihre Pelzkragen!

[DOKTOR] Meine Herrn, Sie können dafür was andres sehen, sehn Sie der Mensch, seit einem Vierteljahr ißt er nichts als Erbsen, beackte Sie die Wirkung, fühle Sie einmal was ein ungleicher Puls, da und die Augen.

WOYZECK Herr Doktor es wird mir dunkel. *Er setzt sich.*

DOKTOR Courage, Woyzeck, noch ein Paar Tage und dann ist's fertig, fühlen Sie meine Herrn fühlen Sie *sie betasten ihm Schläfe, Puls und Busen*
à propos, Woyzeck, beweg den Herren doch eimal die Ohre, ich hab es Ihn schon zeigen wollen. Zwei Muskeln sind bei ihm tätig. Allons frisch!

WOYZECK Ach Herr Doktor!

DOKTOR Bestie, soll ich dir die Ohrn bewege, willst du's machen wie die Katze. So meine Herrn, das sind so Übergänge zum Esel, häufig auch in Folge weiblicher Erziehung, und die Muttersprache. Wieviel Haare hat dir deine Mutter zum Andenken schon ausgerissen aus Zärtlichkeit? Sie sind dir ja ganz dünn geworden, seit ein Paar Tagen, ja die Erbsen, meine Herren.

8
MARIE

sitzt, ihr Kind auf dem Schoß, ein Stückchen Spiegel in der Hand.

MARIE *bespiegelt sich:* Was die Steine glänze! Was sind's für? Was hat er gesagt? – Schlaf Bub! Drück die Auge zu, fest, *das Kind versteckt die Augen hinter den Händen* noch fester, bleib so, still oder er holt dich. *Singt:*

Mädel mach's Ladel zu
's kommt e Zigeunerbu
Führt dich an deiner Hand
Fort ins Zigeunerland.

Spiegelt sich wieder. S'ist gewiß Gold! Unsereins hat nur ein Eckchen in der Welt und ein Stückchen Spiegel und doch hab ich ein so rote Mund als die großen Madamen mit ihren Spiegeln von oben bis unten und ihren schönen Herrn, die ihnen die Händ küssen; ich bin nur ein arm Weibsbild.

Das Kind richtet sich auf.

Still Bub, die Auge zu, das Schlafengelchen, wie's an der Wand läuft *sie blinkt mit dem Glas* die Auge zu, oder es sieht dir hinein, daß du blind wirst.

Woyzeck tritt herein, hinter sie. Sie fährt auf mit den Händen nach den Ohren.

WOYZECK Was hast du?

MARIE Nix.

WOYZECK Unter deinen Fingern glänzt's ja.

MARIE Ein Ohrringlein; hab's gefunden.

WOYZECK Ich hab so noch nix gefunden. Zwei auf einmal.

MARIE Bin ich ein Mensch?

WOYZECK S'ist gut, Marie. – Was der Bub schläft. Greif ihm unter's Ärmchen, der Stuhl drückt ihn. Die hellen Tropfen steh'n ihm auf der Stirn; Alles Arbeit unter der Sonn, sogar Schweiß im Schlaf. Wir arme Leut! Das is wieder Geld Marie, die Löhnung und was von mein'm Hauptmann.

MARIE Gott vergelt's Franz.

WOYZECK Ich muß fort. Heut abend, Marie. Adies.

MARIE *allein, nach einer Pause:* Ich bin doch ein schlecht Mensch. Ich könnt' mich erstechen. – Ach! Was Welt? Geht doch Alles zum Teufel, Mann und Weib.

9
DER HAUPTMANN. WOYZECK

Hauptmann auf einem Stuhl, Woyzeck rasiert ihn.

HAUPTMANN Langsam, Woyzeck, langsam; ein's nach dem andern; Er macht mir ganz schwindlich. Was soll ich dann mit den zehn Minuten anfangen, die Er heut zu früh fertig wird? Woyzeck, bedenk' Er, Er hat noch seine schöne dreißig Jahr zu leben, dreißig Jahr! macht 360 Monate, und Tage, Stunden, Minuten! Was will Er denn mit der ungeheuren Zeit all anfangen? Teil Er sich ein, Woyzeck.
WOYZECK Ja wohl, Herr Hauptmann.
HAUPTMANN Es wird mir ganz angst um die Welt, wenn ich an die Ewigkeit denke. Beschäftigung, Woyzeck, Beschäftigung! ewig das ist ewig, das ist ewig, das siehst du ein; nun ist es aber wieder nicht ewig und das ist ein Augenblick, ja, ein Augenblick. – Woyzeck, es schaudert mich, wenn ich denk, daß sich die Welt in einem Tag herumdreht, was'n Zeitverschwendung, wo soll das hinaus? Woyzeck, ich kann kein Mühlrad mehr sehn, oder ich werd' melancholisch.
WOYZECK Ja wohl, Herr Hauptmann.
HAUPTMANN Woyzeck Er sieht immer so verhetzt aus. Ein guter Mensch tut das nicht, ein guter Mensch,

der sein gutes Gewissen hat. – Red' Er doch was Woyzeck. Was ist heut für Wetter?

WOYZECK Schlimm, Herr Hauptmann, schlimm; Wind

HAUPTMANN Ich spür's schon, s'ist so was Geschwindes draußen; so ein Wind macht mir den Effekt wie eine Maus. *Pfiffig:* Ich glaub' wir haben so was aus Süd-Nord.

WOYZECK Ja wohl, Herr Hauptmann.

HAUPTMANN Ha! ha! ha! Süd-Nord! Ha! Ha! Ha! O Er ist dumm, ganz abscheulich dumm. *Gerührt:* Woyzeck, Er ist ein guter Mensch, ein guter Mensch – aber *mit Würde:* Woyzeck, Er hat keine Moral! Moral das ist wenn man moralisch ist, versteht Er. Es ist ein gutes Wort. Er hat ein Kind, ohne den Segen der Kirche, wie unser hochehrwürdiger Herr Garnisonsprediger sagt, ohne den Segen der Kirche, es ist nicht von mir.

WOYZECK Herr Hauptmann, der liebe Gott wird den armen Wurm nicht drum ansehn, ob das Amen drüber gesagt ist, eh' er gemacht wurde. Der Herr sprach: Lasset die Kindlein zu mir kommen.

HAUPTMANN Was sagt Er da? Was ist das für 'ne kuriose Antwort? Er macht mich ganz konfus mit Seiner Antwort. Wenn ich sag: Er, so mein ich Ihn, Ihn.

WOYZECK Wir arme Leut. Sehn Sie, Herr Hauptmann, Geld, Geld. Wer kein Geld hat. Da setz einmal einer seinsgleichen auf die Moral in die Welt. Man hat auch sein Fleisch und Blut. Unseins ist doch einmal unselig in der und der andern Welt, ich glaub' wenn wir in Himmel kämen, so müßten wir donnern helfen.

HAUPTMANN Woyzeck Er hat keine Tugend, Er ist kein tugendhafter Mensch. Fleisch und Blut? Wenn ich am Fenster lieg, wenn' es geregnet hat und den weißen Strümpfen so nachsehe, wie sie über die Gassen springen, – verdammt Woyzeck, – da kommt mir die Liebe! Ich hab auch Fleisch und Blut. Aber Woyzeck, die Tugend, die Tugend! Wie sollte ich dann die Zeit herumbringen? ich sag' mir immer du bist ein tugendhafter Mensch, *gerührt:* ein guter Mensch, ein guter Mensch.

WOYZECK Ja Herr Hauptmann, die Tugend! ich hab's noch nicht so aus. Sehn Sie, wir gemeinen Leut, das hat keine Tugend, es kommt einem nur so die Natur, aber wenn ich ein Herr wär und hätt ein Hut und eine Uhr und eine anglaise, und könnt vornehm reden ich wollt schon tugendhaft sein. Es muß was Schöns sein um die Tugend, Herr Hauptmann. Aber ich bin ein armer Kerl.

HAUPTMANN Gut Woyzeck. Du bist ein guter Mensch, ein guter Mensch. Aber du denkst zuviel, das zehrt, du siehst immer so verhetzt aus. Der Diskurs hat mich ganz angegriffen. Geh' jetzt und renn nicht so; langsam, hübsch langsam die Straße hinunter.

10

MARIE. TAMBOURMAJOR

TAMBOURMAJOR Marie!

MARIE *ihn ansehend, mit Ausdruck:* Geh' einmal vor dich hin. – Über die Brust wie ein Stier und ein Bart wie ein Löw ... So ist keiner ... Ich bin stolz vor allen Weibern.

TAMBOURMAJOR Wenn ich am Sonntag erst den großen Federbusch hab' und die weißen Handschuh,

Donnerwetter, Marie, der Prinz sagt immer: Mensch, Er ist ein Kerl.

MARIE *spöttisch:* Ach was! *Tritt vor ihn hin.* Mann!

TAMBOURMAJOR Und du bist auch ein Weibsbild, Sapperment, wir wollen eine Zucht von Tambour-Major's anlegen. He? *Er umfaßt sie.*

MARIE *verstimmt:* Laß mich!

TAMBOURMAJOR Wildes Tier.

MARIE *heftig:* Rühr mich an!

TAMBOURMAJOR Sieht dir der Teufel aus den Augen?

MARIE Meintwegen. Es ist Alles eins.

11
WOYZECK. DER DOKTOR

DOKTOR Was erleb' ich, Woyzeck? Ein Mann von Wort.

WOYZECK Was denn Herr Doktor?

DOKTOR Ich hab's gesehn Woyzeck; Er hat auf Straß gepißt, an die Wand gepißt wie ein Hund. Und doch 2 Groschen täglich. Woyzeck das ist schlecht. Die Welt wird schlecht, sehr schlecht.

WOYZECK Aber Herr Doktor, wenn einem die Natur kommt.

DOKTOR Die Natur kommt, die Natur kommt! Die Natur! Hab' ich nicht nachgewiesen, daß der musculus constrictor vesicae dem Willen unterworfen ist? Die Natur! Woyzeck, der Mensch ist frei, in dem Menschen verklärt sich die Individualität zur Freiheit. Den Harn nicht halten können!
Schüttelt den Kopf, legt die Hände auf den Rücken und geht auf und ab. Hat Er schon Seine Erbsen

gegessen, Woyzeck? – Es gibt eine Revolution in der Wissenschaft, ich sprenge sie in die Luft. Harnstoff, 0,10, salzsaures Ammonium, Hyperoxydul. Woyzeck muß Er nicht wieder pissen? geh' Er eimal hinein und probier Er's.

WOYZECK Ich kann nit Herr Doktor.

DOKTOR *mit Affekt:* Aber auf die Wand pissen! Ich hab's schriftlich, den Akkord in der Hand. Ich hab's gesehn, mit diesen Augen gesehn, ich streckte grade die Nase zum Fenster hinaus und ließ die Sonnestrahlen hinein fallen, um das Niesen zu beobachten, *tritt auf ihn los.* Nein Woyzeck, ich ärgere mich nicht, Ärger ist ungesund, ist unwissenschaftlich. Ich bin ruhig ganz ruhig, mein Puls hat seine gewöhnlichen 60 und ich sag's Ihm mit der größten Kaltblütigkeit! Behüte wer wird sich über einen Menschen ärgern, ein Menschen! Wenn es noch ein proteus wäre, der einem krepiert! Aber Er hätte doch nicht an die Wand pissen sollen –

WOYZECK Sehn Sie Herr Doktor, manchmal hat man so 'nen Charakter, so 'ne Struktur. – Aber mit der Natur ist's was andres, sehn Sie mit der Natur *er kracht mit den Fingern* das ist so was, wie soll ich doch sagen, z. B. –

DOKTOR Woyzeck, Er philosophiert wieder.

WOYZECK *vertraulich:* Herr Doktor habe Sie schon was von der doppelten Natur gesehn? Wenn die Sonn in Mittag steht und es ist als ging die Welt im Feuer auf hat schon eine fürchterliche Stimme zu mir gered!

DOKTOR Woyzeck, Er hat eine aberratio.

WOYZECK *legt den Finger an die Nase:* Die Schwämme Herr Doktor. Da, da steckts. Haben Sie schon gesehn in was für Figurn die Schwämme auf dem Boden wachsen. Wer das lesen könnt.

DOKTOR Woyzeck Er hat die schönste aberratio mentalis partialis, zweite Species, sehr schön ausgeprägt. Woyzeck Er kriegt Zulage. Zweite species, fixe Idee, mit allgemein vernünftigem Zustand, Er tut noch Alles wie sonst, rasiert Sein Hauptmann?

WOYZECK Ja wohl.

DOKTOR Ißt Sei Erbse?

WOYZECK Immer ordentlich Herr Doktor. Das Geld für die menage kriegt die Frau.

DOKTOR Tut Sei Dienst,

WOYZECK Ja wohl.

DOKTOR Er ist ein interessanter casus, Subjekt Woyzeck Er kriegt Zulag. Halt Er sich brav. Zeig Er Sei Puls! Ja.

12

HAUPTMANN. DOKTOR

HAUPTMANN Herr Doktor, die Pferde machen mir ganz Angst; wenn ich denke, daß die armen Bestien zu Fuß gehn müssen. Rennen Sie nicht so. Rudern Sie mit Ihrem Stock nicht so in der Luft. Sie hetzen sich ja hinter dem Tod drein. Ein guter Mensch, der sein gutes Gewissen hat, geht nicht so schnell. Ein guter Mensch. *Er erwischt den Doktor am Rock.* Herr Doktor erlauben Sie, daß ich ein Menschenleben rette, Sie schießen …

Herr Doktor, ich bin so schwermütig ich habe so was Schwärmerisches, ich muß immer weinen, wenn ich meinen Rock an der Wand hängen sehe, da hängt er.

DOKTOR Hm, aufgedunsen, fett, dicker Hals, apoplectische Constitution. Ja Herr Hauptmann Sie könne eine apoplexia cerebralis krieche, Sie könne sie aber vielleicht auch nur auf der einen Seite bekomm, und dann auf der einen gelähmt sein, oder aber Sie könne im besten Fall geistig gelähmt werden und nur fort vegtiern, das sind so ongefähr Ihre Aussichte auf die nächste 4 Wochen. Übrigens kann ich Sie versichern, daß Sie eine von den interessanten Fällen abgebe und wenn Gott will, daß Ihre Zunge zum Teil gelähmt wird, so machen wir die unsterblichsten Experimente.

HAUPTMANN Herr Doktor erschrecken Sie mich nicht, es sind schon Leute am Schreck gestorben, am bloßen hellen Schreck. – Ich sehe schon die Leute mit den Zitronen in den Händen, aber sie werden sagen er war ein guter Mensch, ein guter Mensch – Teufel Sargnagel.

DOKTOR *[hält seinen Hut hin]:* Was ist das Herr Hauptmann? das ist Hohlkopf

HAUPTMANN *macht eine Falte [in den Hut]:* Was ist das Herr Doktor, das ist Einfalt.

DOKTOR Ich empfehle mich, geehrtster Herr Exerzierzagel.

HAUPTMANN Gleichfalls, bester Herr Sargnagel.

[Sie gehn auseinander. Woyzeck kommt, will eilig vorbei.]

HAUPTMANN Ha Woyzeck, was hetzt Er sich so an mir vorbei? Bleib Er doch Woyzeck. Er läuft ja wie ein offnes Rasiermesser durch die Welt, man schneidt sich an Ihm, Er läuft, als hätt Er ein Regiment Kosack zu rasiern und würde gehenkt über dem letzten Haar nach einer Viertelstunde – aber, über die langen Bärte, was – wollt ich doch sagen? Woyzeck – die lange Bärte –

DOKTOR Ein langer Bart unter dem Kinn, schon Plinius spricht davon, man muß es den Soldate abgwöhnen …

HAUPTMANN *fährt fort:* Hä? über die lange Bärte? Wie is Woyzeck hat Er noch nicht ein Haar aus einem Bart in Seiner Schüssel gefunden? He Er versteht mich doch, ein Haar von einem Menschen, vom Bart eins Sapeur, eins Unteroffizier, eins – eins Tambourmajor? He Woyzeck? Aber Er hat eine brave Frau. Geht Ihm nicht wie andern.

WOYZECK Ja wohl! Was wollen Sie sage Herr Hauptmann?

HAUPTMANN Was der Kerl ein Gesicht macht! … muß nun auch nicht in de Suppe, aber wenn Er sich eilt und um die Eck geht, so kann Er vielleicht noch auf e Paar Lippen eins finde, ein Paar Lippen, Woyzeck, ich habe auch das Lieben gefühlt, Woyzeck. Kerl Er ist ja kreideweiß.

WOYZECK Herr Hauptmann, ich bin ein armer Teufel, – und hab sonst nichts – auf de Welt. Herr Hauptmann, wenn Sie Spaß machen –

HAUPTMANN Spaß ich, daß dich Spaß, Kerl!

DOKTOR Den Puls Woyzeck, den Puls, klein, hart, hüpfend, ungleich.

WOYZECK Herr Hauptmann, die Erd ist hölleheiß, mir eiskalt, eiskalt, die Hölle ist kalt, wollen wir wetten. Unmöglich. Mensch! Mensch! unmöglich.

HAUPTMANN Kerl, will Er erschoß, will [Er] ein Paar Kugeln vor den Kopf hab[en?] Er ersticht mich mit Sei Auge, und ich mein es gut [mit] Ihm, weil Er ein guter Mensch ist Woyzeck, ein guter Mensch.

DOKTOR Gesichtsmuskeln starr, gspannt, zuweilen hüpfend, Haltung aufgericht gspannt.

WOYZECK Ich geh! Es ist viel möglich. Der Mensch! Es ist viel möglich. Wir habe schön Wetter Herr Hauptmann. Sehn Sie so ein schön festen grauen Himmel, man könnte Lust bekomm, ein Kloben hineinzuschlage und sich daran zu hänge, nur wege des Gedankstrichels zwischen Ja und nein ja – und nein, Herr Hauptmann ja und nein? Ist das nein am ja oder das ja am nein Schuld? Ich will drüber nachdenken, *geht mit breiten Schritten ab erst langsam dann immer schneller.*

DOKTOR *schießt ihm nach:* Phänomen, Woyzeck, Zulag.

HAUPTMANN Mir wird ganz schwindlich, von den Mensche, wie schnell, der lange Schlegel greift aus, als läuft der Schatten von einem Spinnbein, und der Kurze, das zuckelt. Der Lange ist der Blitz und der Kleine der Donner. Haha, hinterdrein. Das hab' ich nicht gern! ein guter Mensch ist dankbar und hat sein Leben lieb, ein guter Mensch hat keine courage nicht! ein Hundsfott hat courage! Ich bin bloß in Krieg gegangen um mich in meiner Liebe zum Leben zu befestigen … von da zur courage, wie man zu son Gedanken kommt, grotesk! grotesk!

13
MARIE. WOYZECK

WOYZECK *sieht sie starr an, schüttelt den Kopf.* Hm! Ich seh nichts, ich seh nichts. O, man müßt's sehen: man müßt's greifen können mit Fäusten.

MARIE *verschüchtert:* Was hast du Franz? Du bist hirnwütig. Franz.

WOYZECK Eine Sünde so dick und so breit. (Es stinkt daß man die Engelchen zum Himmel hinaus räuchern könnt.) Du hast ein roten Mund, Marie. Kein Blasen drauf? Adie, so Marie, du bist schön wie die Sünde. – Kann die Todsünde so schön sein?

MARIE Franz, du red'st in Fieber.

WOYZECK Teufel! – Hat er da gestande, so, so?

MARIE Dieweil der Tag lang und die Welt alt ist, könn viel Mensche an eim Platz stehn, einer nach dem andern.

WOYZECK Ich hab ihn gesehn.

MARIE Man kann viel sehn, wenn man 2 Augen hat und man nicht blind ist und die Sonn scheint.

WOYZECK Wirst [sehn].

MARIE *keck:* Und wenn auch.

14

DIE WACHTSTUBE

Woyzeck. Andres

ANDRES *singt:* Frau Wirtin hat 'ne brave Magd
Sie sitzt im Garten Tag und Nacht
Sie sitzt in ihrem Garten …

WOYZECK Andres!

ANDRES Nu?

WOYZECK Schön Wetter.

ANDRES Sonntagssonnwetter, und Musik vor der Stadt. Vorhin sind die Weibsbilder hin, die Mensche dampfe, das geht.

WOYZECK *unruhig:* Tanz, Andres, sie tanze.

ANDRES Im Rössel und im Sterne.

WOYZECK Tanz, Tanz.

ANDRES Meinetwege.

Sie sitzt in ihrem Garten
bis daß das Glöcklein zwölfe schlägt
Und paßt auf die Solda – aten.

WOYZECK Andres, ich hab kein Ruh.

ANDRES Narr!

WOYZECK Ich muß hinaus. Es dreht sich mir vor den Augen. Was sie heiße Händ habe. Verdammt Andres!

ANDRES Was willst du?

WOYZECK Ich muß fort.

ANDRES Mit dem Mensch.

WOYZECK Ich muß hinaus, s'ist so heiß da hin.

15
WIRTSHAUS

Die Fenster offen, Tanz. Bänke vor dem Haus. Burschen

ERSTER HANDWERKSBURSCH

Ich hab ein Hemdlein an
Das ist nicht mein
Meine Seele stinkt nach Brandewein, –

ZWEITER HANDWERKSBURSCH Bruder, soll ich dir aus Freundschaft ein Loch in die Natur mache? Verdammt. Ich will ein Loch in die Natur machen. Ich bin auch ein Kerl, du weißt, ich will ihm alle Flöh am Leib tot schlage.

ERSTER HANDWERKSBURSCH Meine Seele, meine Seele

stinkt nach Brandewein. – Selbst das Geld geht in Verwesung über. Vergißmeinicht! Wie ist diese Welt so schön. Bruder, ich muß ein Regenfaß voll greinen. Ich wollt unse Nase wärn zwei Bouteille und wir könnte sie uns einande in de Hals gießen. *Woyzeck stellt sich an's Fenster. Marie und der Tambourmajor tanzen vorbei, ohne ihn zu bemerken.*

DIE ANDERN *im Chor:*

Ein Jäger aus der Pfalz,
Ritt einst durch einen grünen Wald,
Halli, halloh, gar lustig ist die Jägerei
Allhier auf grüner Heid
Das Jagen ist mei Freud.

MARIE *in Vorbeitanzen:* Immer, zu, immer zu

WOYZECK *erstickt:* Immer zu – immer zu! *Fährt heftig auf und sinkt zurück auf die Bank* immer zu immer zu *schlägt die Hände ineinander.* Dreht euch, wälzt euch. Warum blast Gott nicht [die] Sonn aus, daß Alles in Unzucht sich übernander wälzt, Mann und Weib, Mensch und Vieh. Tut's am hellen Tag, tut's einem auf den Händen, wie die Mücken. – Weib. – Das Weib ist heiß, heiß! – Immer zu, immer zu. *Fährt auf.* Der Kerl! Wie er an ihr herumtappt, an ihrm Leib, er hat sie wie i – zu A n f a n g.

ERSTER HANDWERKSBURSCH *predigt auf dem Tisch:* Jedoch wenn ein Wandrer, der gelehnt steht an den Strom der Zeit oder aber sich die göttliche Weisheit beantwortet und sich anredet: Warum ist der Mensch? Warum ist der Mensch? – Aber wahrlich ich sage euch, von was hätte der Landmann, der Weißbinder, der Schuster, der Arzt leben sollen, wenn Gott den Menschen nicht gschaffen hätte? Von was hätte der Schneider leben sollen, wenn er dem Menschen nicht die Empfindung der Scham eingepflanzt, von was der Soldat, wenn er ihn nicht mit dem Bedürfnis sich totzuschlagen ausgerüstet hätte. Darum zweifelt nicht, ja ja, es ist lieblich und fein, aber Alles Irdische ist eitel, selbst das Geld geht in Verwesung über. – Zum Beschluß, meine geliebten Zuhörer, laßt uns noch über's Kreuz pissen, damit ein Jud stirbt.

16
FREIES FELD

Woyzeck

Immer zu! immer zu! Still. Musik. – *Reckt sich gegen den Boden.* He was, was sagt ihr? Lauter, lauter, stich, stich die Zickwolfin tot? stich, stich die Zickwolfin tot. Soll ich? Muß ich? Hör ich's da auch, sagt's der Wind auch? Hör ich's immer, immer zu, stich tot, tot.

17
NACHT

Andres und Woyzeck in einem Bett

WOYZECK *schüttelt Andres:* Andres! Andres! ich kann nit schlafe, wenn ich die Aug zumach, dreh't sich's immer und ich hör die Geigen, immer zu, immer zu. Und dann sprichts aus der Wand, hörst du nix?

ANDRES Ja, –laß sie tanze! Gott behüt uns, Amen. *Schläft wieder ein.*

WOYZECK Es zieht mir zwischen de Auge wie ein Messer.

ANDRES Du mußt Schnaps trinke und Pulver drein, das schneidt das Fieber.

18

KASERNENHOF

WOYZECK Hast nix gehört?

ANDRES Er ist da vorbei mit einem Kamraden.

WOYZECK Er hat was gesagt.

ANDRES Woher weißt dus? Was soll ich sage. Nu er lachte und dann sagte er ein köstlich Weibsbild! Die hat Schenkel und Alles so fest!

WOYZECK *ganz kalt:* So hat er das gesagt?

Von was hat mir doch heut Nacht geträumt? War's nicht von eim Messer? Was man doch närrische Träume hat.

ANDRES Wohin Kamrad?

WOYZECK Meim [Hauptmann], Wein hole – Aber Andres, sie war doch ein einzig Mädel.

ANDRES Wer war?

WOYZECK Nix. Adies.

19

WIRTSHAUS

Tambourmajor, Woyzeck, Leute

TAMBOURMAJOR Ich bin ein Mann! *schlägt sich auf die Brust* ein Mann sag' ich. Wer will was? Wer kein bsoffe Herrgott ist der laß sich von mir. Ich will ihm die Nas ins Arschloch prügeln. Ich will – *zu Woyzeck:* da Kerl, sauf. Der Mann muß saufen ich wollt die Welt wär Schaaps, Schnaps.

WOYZECK *pfeift.*

TAMBOURMAJOR Kerl, soll ich dir die Zung aus dem Hals ziehn und sie um den Leib herumwickle?
sie ringen, Woyzeck verliert
soll ich dir noch soviel Atem lassen als ein Altweiberfurz, soll ich?

WOYZECK *setzt sich erschöpft zitternd auf die Bank.*

TAMBOURMAJOR

Der Kerl soll dunkelblau pfeifen. Ha.
Brandewein das ist mein Leben
Brandwein gibt courage!

EINE Der hat sei Fett.

ANDRE Er blut.

WOYZECK Eins nach dem andern.

20

WOYZECK. DER JUDE

WOYZECK Das Pistolche is zu teuer.

JUDE Nu, kauft's oder kauft's nit, was is?

WOYZECK Was kost das Messer.

JUDE S'ist ganz, grad. Wollt Ihr Euch den Hals mit abschneide, nu, was is es? Ich geb's Euch so wohlfeil wie ein' andern, Ihr sollt Euern Tod wohlfeil habe, aber doch nit umsonst. Was is es? Er soll en ökonomischen Tod habe.

WOYZECK Das kann mehr als Brot schneiden.

JUDE Zwe Grosche.

WOYZECK Da! *geht ab.*

JUDE Da! Als ob's nichts wär. Und es ist doch Geld. Der Hund.

21

MARIE. [DAS KIND. KARL]

MARIE *blättert in der Bibel:* Und ist kein Betrug in seinem Munde erfunden ... Herrgott. Herrgott! Sieh mich nicht an. *Blättert weiter:* ... aber die Pharisäer brachten ein Weib zu ihm, im Ehebruche begriffen und stelleten sie in's Mittel dar. – Jesus aber sprach: so verdamme ich dich auch nicht. Geh hin und sündige hinfort nicht mehr. *Schlägt die Hände zusammen.* Herrgott! Herrgott! Ich kann nicht. Herrgott gib mir nur soviel, daß ich beten kann.

Das Kind drängt sich an sie.

Das Kind gibt mir einen Stich in's Herz. *[Zu Karl vor ihren Füßen]:* Fort! Das bäht sich in der Sonne!

KARL *liegt und erzählt sich Märchen an den Fingern:* Der hat die goldne Kron, der Herr König. Morgen hol' ich der Frau Königin ihr Kind. Blutwurst sagt: komm Leberwurst *er nimmt das Kind und wird still.*

MARIE Der Franz is nit gekomm, gestern nit, heut nit, es wird heiß hier *sie macht das Fenster auf* ... Und trat hinein zu seinen Füßen und weinete und fing an seine Füße zu netzen mit Tränen und mit den Haaren ihres Hauptes zu trocknen und küssete seine Füße und salbete sie mit Salben. *Schlägt sich auf die Brust.* Alles tot! Heiland, Heiland ich möchte dir die Füße salben.

22

KASERNE

Andres, Woyzeck, kramt in seinen Sachen.

WOYZECK Das Kamisolchen, Andres, ist nit zur Montour, du kannst's brauchen Andres. Das Kreuz is mei Schwester und das Ringlein, ich hab auch noch ein Heiligen, zwei Herzen und schön Gold, es lag in meiner Mutter Bibel, und da steht:

Leiden sei all mein Gewinst,
Leiden sei mein Gottesdienst,
Herr, wie dein Leib war rot und wund,
So laß mein Herz sein aller Stund.

Mei Mutter fühlt nur noch, wenn ihr die Sonn auf die Händ scheint. Das tut nix.

ANDRES *ganz starr, sagt zu Allem:* Ja wohl

WOYZECK *zieht ein Papier heraus:* Friedrich Johann Franz Woyzeck, geschworner Füsilier im 2. Regiment, 2. Bataillon 4. Compagnie, geboren … ich bin heut Mariae Verkündigung den 20. Juli alt 30 Jahr 7 Monat und 12 Tage.

ANDRES Franz, du kommst in's Lazarett. Armer du mußt Schnaps trinke und Pulver drei das töt das Fieber.

WOYZECK Ja Andres, wann der Schreiner die Hobelspän sammelt, es weiß niemand, wer sein Kopf drauf lege wird.

23
MARIE MIT MÄDCHEN VOR DER HAUSTÜR

MÄDCHEN *[singen]:*

Wie scheint die Sonn St. Lichtmeßtag
Und steht das Korn im Blühn.
Sie ginge wohl die Straße hin
Sie ginge zu zwei und zwein
Die Pfeifer ginge vorn
Die Geiger hinter drein.
Sie hatte rote …

1. KIND S'ist nit schön.
2. KIND Was willst du auch immer
1. KIND Was hast zuerst angefange?
2. KIND Ich kann nit.
ANDERES Es muß sing.
KINDER Marieche sing du uns.
MARIE Kommt ihr klei Krabben!
Ringle, ringel Rosekranz,
König Herodes.
Großmutter erzähl!

ANDERE *abwechselnd dazwischen:* Warum? Darum! Aber warum darum?

GROSSMUTTER Es war einmal ein arm Kind und hat kei Vater und kein Mutter war Alles tot und war Niemand mehr auf der Welt. Alles tot, und es ist hingangen und hat gerrt Tag und Nacht. Und wie auf der Erd Niemand mehr war, wollt's in Himmel gehn, und der Mond guckt es so freundlich an und wie's endlich zum Mond kam, war's ein Stück faul Holz und da ist es zur Sonn gangen und wie's zur Sonn kam, war's ein verwelkt Sonneblum und wie's zu den Sterne kam, warn's klei golde Mücke, die warn angesteckt wie der Neuntöter sie auf die

Schlehe steckt und wie's wieder auf die Erd wollt, war die Erd ein umgestürzter Hafen und war ganz allein und da hat sich's hingesetzt und gerrt und da sitzt' es noch und ist ganz allein.

WOYZECK Marie!

MARIE *erschreckt:* Was ist

WOYZECK Marie wir wolln gehn s'ist Zeit.

MARIE Wohinaus

WOYZECK Weiß ich's?

24
MARIE UND WOYZECK

MARIE Also dort hinaus ist die Stadt, s'ist Finster.

WOYZECK Du sollst noch bleiben. Komm setz dich.

MARIE Aber ich muß fort.

WOYZECK Du würdst dir die Füße nicht wund laufen.

MARIE Wie bist du denn auch!

WOYZECK Weißt du auch wie lang es jetzt ist Marie?

MARIE Um Pfingsten 2 Jahr.

WOYZECK Weißt du auch wie lang es noch sein wird?

MARIE Ich muß fort, der Nachttau fallt.

WOYZECK Friert's dich Marie, und doch bist du warm. Was du heiße Lippen hast! heiß, heißn Hurenatem und doch möcht' ich den Himmel gebe sie noch eimal zu küssen ... und wenn man kalt ist, so friert man nicht mehr. Du wirst vom Morgentau nicht friern.

MARIE Was sagst du?

WOYZECK Nix.

Schweigen.

MARIE Was der Mond rot auf geht.

WOYZECK Wie ein blutig Eisen.

MARIE Was hast du vor? Franz, du bist so blaß. *[Er greift zum Messer.]* Franz halt. Um des Himmels w[illen], Hü – Hülfe

WOYZECK Nimm das und das! Kannst du nicht sterbe. So! so! Ha sie zuckt noch, noch nicht noch nicht? Immer noch? *stößt [noch einmal] zu.*
Bist du tot? Tot! Tot!
Es kommen Leute.
[Er läßt das Messer fallen und] läuft weg.

25
ES KOMMEN LEUTE

ERSTE PERSON Halt!

ZWEITE PERSON Hörst du? Still! Dort

ERSTE PERSON Uu! Da! Was ein Ton.

ZWEITE PERSON Es ist das Wasser, es ruft, schon lang ist Niemand ertrunken. Fort, s'ist nicht gut, es zu hören.

ERSTE PERSON Uu, jetzt wieder. Wie ein Mensch der stirbt.

ZWEITE PERSON Es ist unheimlich, so düftig – halb Nebel, grau und das Summen der Käfer, wie gesprungne Glocken. Fort!

ERSTE PERSON Nein, zu deutlich, zu laut. Da hinauf. Komm mit.

26

DAS WIRTSHAUS

WOYZECK Tanzt alle, immer zu, schwitzt und stinkt, er holt euch doch einmal Alle. *Singt:*

Frau Wirtin hat 'ne brave Magd
Sie sitzt im Garten Tag und Nacht
Sie sitzt in ihrem Garten
Bis daß das Glöcklein zwölfe schlägt
Und paßt auf die Soldaten.

Er tanzt. So Käthe! setz dich! Ich hab heiß! heiß *er zieht den Rock aus* es ist eimal so, der Teufel holt die eine und läßt die andre laufen. Käthe du bist heiß! Warum denn Käthe du wirst auch noch kalt werden. Sei vernünftig. Kannst du nicht singe?

[KÄTHE *singt:*]

Ins Schwabeland das mag ich nicht,
Und lange Kleider trag ich nicht
Denn lange Kleider, spitze Schuh,
die komm kein Dienstmagd zu.

[WOYZECK] Nein, kei Schuh, man kann auch ohne Schuh in die Höll gehn.

[KÄTHE] O pfui mein Schatz das war nicht fein.
Behalt dei Taler und schlaf allein.

[WOYZECK] Ja wahrhaftig, ich möchte mich nicht blutig mache.

KÄTHE Aber was hast du an dei Hand?

WOYZECK Ich? Ich?

KÄTHE Rot! Blut.

Es stellen sich Leute um sie.

WOYZECK Blut? Blut?

WIRT Uu Blut.

WOYZECK Ich glaub ich hab' mich geschnitte, da an die rechte Hand.

WIRT Wie kommt's aber an de Ellenbog?

WOYZECK Ich hab's abgewischt.

WIRT Was mit der rechten Hand an de rechte Ellboge? Ihr seid geschickt.

KARL Und da hat de Ries gesagt: ich riech, ich riech, ich riech Menschefleisch. Puh! Der stinkt schon.

WOYZECK Teufel, was wollt ihr? Was geht's euch an? Platz! oder der erste
Teufel! Meint ihr ich hätt Jemand umgebracht? Bin ich Mörder? Was gafft ihr! Guckt euch selbst an. Platz da. *Er läuft hinaus.*

27
WOYZECK *allein.*

[WOYZECK] Das Messer? Wo ist das Messer? Ich hab' es da gelasse. Es verrät mich! Näher, noch näher! Was ist das für ein Platz? Was höre ich? Es rührt sich was. Still. Da in der Nähe.
Marie? Ha Marie! Still. Alles still! Da liegt was! kalt, naß, stille. Weg von dem Platz. Das Messer, das Messer hab ich's? So! Leute – Dort. *Er läuft weg.*

28
WOYZECK AN EINEM TEICH

[WOYZECK] So, da hinunter! *Er wirft das Messer hinein.* Es taucht in das dunkle Wasser, wie Stein! Der Mond ist wie ein blutig Eisen! Will denn die ganze Welt es ausplaudern? Nein es liegt zu weit vorn, wenn sie sich bade, *er geht in den Teich und wirft weit* so jetzt aber im Sommer, wenn sie tauchen nach Muscheln, bah es wird rostig! Wer kann's erkennen. Hätt' ich es zerbroche! Bin ich noch blutig? ich muß mich wasche. Da ein Fleck und da noch einer.

29
KINDER

ERSTES KIND Fort. Mariechen

ZWEITES KIND Was is.

ERSTES KIND Weißt du's nit? Sie sind schon alle hinaus. Drauß liegt eine!

ZWEITES KIND Wo?

ERSTES KIND Links über die Lochschanz in dem Wäldche, am roten Kreuz.

ZWEITES KIND Fort, daß wir noch was sehen. Sie tragen['s] sonst hinein.

30
KARL. DAS KIND. WOYZECK

KARL *hält das Kind vor sich auf dem Schoß:* Der is ins Wasser gefallen, der is ins Wasser gefalle, nein, der is in's Wasser gefalle.

WOYZECK Bub, Christian,

KARL *sieht ihn starr an:* Der is in's Wasser gefalle.

WOYZECK *will das Kind liebkosen,*
(es wendet sich weg und schreit):
Herrgott!

KARL Der is in's Wasser gefalle.

WOYZECK Christianche, du bekommst en Reuter, sa sa.

Das Kind wehrt sich.

Zu Karl: Da kauf dem Bub en Reuter.

KARL *sieht ihn starr an.*

WOYZECK Hop! hop! Roß.

KARL *jauchzend:* Hop! hop! Roß! Roß *läuft mit dem Kind weg.*

31

GERICHTSDIENER. BARBIER. ARZT. RICHTER

[GERICHTSDIENER] Ein guter Mord, ein ächter Mord, ein schön Mord, so schön als man ihn nur verlangen tun kann wir haben schon lange so kein gehabt. –

PROSA

LENZ

Den 20. ging Lenz durch's Gebirg. Die Gipfel und hohen Bergflächen im Schnee, die Täler hinunter graues Gestein, grüne Flächen, Felsen und Tannen. Es war naßkalt, das Wasser rieselte die Felsen hinunter und sprang über den Weg. Die Äste der Tannen hingen schwer herab in die feuchte Luft. Am Himmel zogen graue Wolken, aber Alles so dicht, und dann dampfte der Nebel herauf und strich schwer und feucht durch das Gesträuch, so träg, so plump. Er ging gleichgültig weiter, es lag ihm nicht's am Weg, bald auf- bald abwärts. Müdigkeit spürte er keine, nur war es ihm manchmal unangenehm, daß er nicht auf dem Kopf gehn konnte. Anfangs drängte es ihm in der Brust, wenn das Gestein so wegsprang, der graue Wald sich unter ihm schüttelte, und der Nebel die Formen bald verschlang, bald die gewaltigen Glieder halb enthüllte; es drängte in ihm, er suchte nach etwas, wie nach verlornen Träumen, aber er fand nichts. Es war ihm alles so klein, so nahe, so naß, er hätte die Erde hinter den Ofen setzen mögen, er begriff nicht, daß er so viel Zeit brauchte, um einen Abhang hinunter zu klimmen, einen fernen Punkt zu erreichen; er meinte, er müsse Alles mit ein Paar Schritten ausmessen können. Nur manchmal, wenn der Sturm das Gewölk in die Täler warf, und es den Wald herauf dampfte, und die Stimmen an den Felsen wach wurden, bald wie fern verhallende Donner, und dann gewaltig heran brausten, in Tönen, als wollten sie in ihrem wilden Jubel die Erde besingen, und die Wolken wie wilde wiehernde Rosse heransprengten, und der Sonnenschein dazwischen durchging und kam und sein blitzendes Schwert an den Schneeflächen zog, so daß ein helles, blendendes Licht über die Gipfel in die Täler schnitt; oder wenn der Sturm das Gewölk abwärts trieb und einen lichtblauen See hineinriß, und dann der Wind verhallte und tief unten aus den Schluchten, aus den Wipfeln der Tannen wie ein Wiegenlied und Glockengeläute heraufsummte, und am tiefen Blau ein leises Rot hinaufklomm, und kleine Wölkchen auf silbernen Flügeln durchzogen und alle Berggipfel scharf und fest, weit über das Land hin glänzten und blitzten, riß es ihm in der Brust, er stand, keuchend, den Leib vorwärts gebogen, Augen und Mund weit offen, er meinte, er müsse den Sturm in sich ziehen, Alles in sich fassen, er dehnte sich aus und lag über der Erde, er wühlte sich in das All hinein, es war eine Lust, die ihm wehe tat; oder er stand still und legte das Haupt in's Moos und schloß die Augen halb, und dann zog es weit von ihm, die Erde wich unter ihm, sie wurde klein wie ein wandelnder Stern und tauchte sich in einen brausenden Strom, der seine klare Flut unter ihm zog. Aber es waren nur Augenblicke, und dann erhob er sich nüchtern, fest, ruhig als wäre ein Schattenspiel vor ihm vorübergezogen, er wußte von nichts mehr. Gegen Abend kam er auf die Höhe des Gebirgs, auf das Schneefeld, von wo man wieder hinabstieg in die Ebene nach Westen, er setzte sich oben nieder. Es war gegen Abend ruhiger geworden; das Gewölk lag fest und unbeweglich am Himmel, so weit der Blick reichte, nichts als Gipfel, von denen sich breite Flächen hinabzogen, und alles so still, grau, dämmernd; es wurde ihm entsetzlich einsam, er war allein, ganz allein, er wollte mit sich sprechen, aber er konnte, er wagte kaum zu atmen, das Biegen seines Fußes tönte wie Donner unter ihm, er mußte sich niedersetzen; es faßte ihn eine namenlose Angst in diesem Nichts, er war im Leeren, er riß sich auf und flog den Abhang hinunter. Es war finster geworden, Himmel und Erde verschmolzen in Eins. Es war als ginge ihm was nach, und als müsse ihn was Entsetzliches erreichen, etwas das Menschen nicht ertragen können, als jage der Wahnsinn auf Rossen hinter ihm. Endlich hörte er Stimmen, er sah Lichter, es wurde ihm leichter, man sagte ihm, er hätte noch eine halbe Stunde nach *Waldbach*. Er ging durch das Dorf, die Lichter schienen durch die Fenster, er sah hinein im Vorbeigehen, Kinder am Tische, alte Weiber, Mädchen, Alles ruhige, stille Gesichter, es war ihm als müsse das Licht von ihnen ausstrahlen, es ward ihm leicht, er war bald in Waldbach im Pfarrhause. Man saß am Tische, er hinein; die blonden Locken hingen ihm um das bleiche Gesicht, es zuckte ihm in den Augen und um den Mund, seine Kleider waren zerrissen. *Oberlin* hieß ihn willkommen, er hielt ihn für einen Handwerker. »Sein Sie mir willkommen, obschon Sie mir unbekannt.« – Ich bin ein Freund von … und bringe Ihnen Grüße von ihm. »Der Name, wenn's beliebt« … *Lenz*. »Ha, ha, ha, ist er nicht gedruckt? Habe ich nicht einige Dramen gelesen, die einem Herrn dieses Namens zugeschrieben werden?« Ja, aber belieben Sie mich nicht darnach zu beurteilen. Man sprach weiter, er suchte nach Worten und erzählte rasch, aber auf der Folter; nach und nach wurde er ruhig, das heimliche Zimmer und die stillen Gesichter, die aus dem Schatten hervortraten, das helle Kindergesicht, auf dem alles Licht zu ruhen schien und das neugierig, vertraulich aufschaute, bis zur Mutter, die hinten im Schatten engelgleich stille saß. Er fing an zu erzählen, von seiner Heimat; er zeichnete allerhand Trachten, man drängte sich teilnehmend um ihn, er war gleich zu Haus, sein blasses Kindergesicht, das jetzt lächelte, sein lebendiges Erzählen; er wurde ruhig, es war ihm als träten alte Gestalten, vergessene Gesichter wieder aus dem Dunkeln, alte Lieder wachten auf, er war weg, weit weg. Endlich war es Zeit zum Gehen, man führte ihn über die Straße, das Pfarrhaus war zu eng, man gab ihm ein Zimmer im Schulhause. Er ging hinauf, es war kalt oben, eine weite Stube, leer, ein hohes Bett im Hintergrund, er stellte das Licht auf den Tisch, und ging auf und ab, er besann sich wieder auf den Tag, wie er hergekommen, wo er war, das Zimmer im Pfarrhause mit seinen Lichtern und lieben Gesichtern, es war ihm wie ein Schatten, ein Traum, und es wurde ihm leer, wieder wie auf dem Berg, aber er konnte es mit nichts mehr ausfüllen, das Licht war erloschen, die Finsternis verschlang Alles; eine unnennbare Angst erfaßte ihn, er sprang auf, er lief durchs Zimmer, die Treppe hinunter, vor's Haus; aber umsonst, Alles finster, nichts, er war sich selbst ein Traum, einzelne Gedanken huschten auf, er hielt sie fest, es war ihm als müsse er immer »Vater unser« sagen; er konnte sich nicht mehr finden, ein dunkler Instinkt trieb ihn, sich zu retten, er stieß an die Steine, er riß sich mit den Nägeln, der Schmerz fing an, ihm das Bewußtsein wiederzugeben, er stürzte sich in den Brunnstein, aber das Wasser war nicht tief, er patschte darin. Da kamen Leute, man hatte es gehört, man rief ihm zu. Oberlin kam gelaufen; Lenz war wieder zu sich gekommen, das ganze Bewußtsein seiner Lage, es war ihm wieder leicht, jetzt schämte er sich und war betrübt, daß er den guten Leuten Angst gemacht, er sagte ihnen, daß er gewohnt sei kalt zu baden, und ging wieder hinauf; die Erschöpfung ließ ihn endlich ruhen.

Den andern Tag ging es gut. Mit Oberlin zu Pferde durch das Tal; breite Bergflächen, die aus großer Höhe sich in ein schmales, gewundnes Tal zusammenzogen, das in mannichfachen Richtungen sich hoch an den Bergen hinaufzog, große Felsenmassen, die sich nach unten ausbreiteten, wenig Wald, aber alles im grauen ernsten Anflug, eine Aussicht nach Westen in das Land hinein und auf die Bergkette, die sich grad hinunter nach Süden und Norden zog, und deren Gipfel gewaltig, ernsthaft oder schweigend still, wie ein dämmernder Traum standen. Gewaltige Lichtmassen, die manchmal aus den Tälern, wie ein goldner Strom schwollen, dann wieder Gewölk, das an dem höchsten Gipfel lag, und dann langsam den Wald herab in das Tal klomm, oder in den Sonnenblitzen sich wie ein fliegendes silbernes Gespenst herabsenkte und hob; kein Lärm, keine Bewegung, kein Vogel, nichts als das bald nahe, bald ferne Wehn des Windes. Auch erschienen Punkte, Gerippe von Hütten, Bretter mit Stroh gedeckt, von schwarzer ernster Farbe. Die Leute, schweigend und ernst, als wagten sie die Ruhe ihres Tales nicht zu stören, grüßten ruhig, wie sie vorbeiritten. In den Hütten war es lebendig, man drängte sich um Oberlin, er wies zurecht, gab Rat, tröstete; überall zutrauensvolle Blicke, Gebet. Die Leute erzählten Träume, Ahnungen. Dann rasch in's praktische Leben, Wege angelegt, Kanäle gegraben, die Schule besucht. Oberlin war unermüdlich, Lenz fortwährend sein Begleiter, bald in Gespräch, bald tätig am Geschäft, bald in die Natur versunken. Es wirkte alles wohltätig und beruhigend auf ihn, er mußte Oberlin oft in die Augen sehen, und die mächtige Ruhe, die uns über der ruhenden Natur, im tiefen Wald, in mondhellen schmelzenden Sommernächten überfällt, schien ihm noch näher, in diesem ruhigen Auge, diesem ehrwürdigen ernsten Gesicht. Er war schüchtern, aber er machte Bemerkungen, er sprach, Oberlin war sein Gespräch sehr angenehm, und das anmutige Kindergesicht Lenzens machte ihm große Freude. Aber nur so lange das Licht im Tale lag, war es ihm erträglich; gegen Abend befiel ihn eine sonderbare Angst, er hätte der Sonne nachlaufen mögen; wie die Gegenstände nach und nach schattiger wurden, kam ihm Alles so traumartig, so zuwider vor, es kam ihm die Angst an wie Kindern, die im Dunkeln schlafen; es war ihm als sei er blind; jetzt wuchs sie, der Alp des Wahnsinns setzte sich zu seinen Füßen, der rettungslose Gedanke, als sei Alles nur sein Traum, öffnete sich vor ihm, er klammerte sich an alle Gegenstände, Gestalten zogen rasch an ihm vorbei, er drängte sich an sie, es waren Schatten, das Leben wich aus ihm und seine Glieder waren ganz starr. Er sprach, er sang, er rezitierte Stellen aus Shakespeare, er griff nach Allem, was sein Blut sonst hatte rascher fließen machen, er versuchte Alles, aber kalt, kalt. Er mußte dann hinaus ins Freie, das wenige, durch die Nacht zerstreute Licht, wenn seine Augen an die Dunkelheit gewöhnt waren, machte ihm besser, er stürzte sich in den Brunnen, die grelle Wirkung des Wassers machte ihm besser, auch hatte er eine geheime Hoffnung auf eine Krankheit, er verrichtete sein Bad jetzt mit weniger Geräusch. Doch jemehr er sich in das Leben hineinlebte, ward er ruhiger, er unterstützte Oberlin, zeichnete, las die Bibel; alte vergangne Hoffnungen gingen in ihm auf; das neue Testament trat ihm hier so entgegen, und eines Morgens ging er hinaus. Wie Oberlin ihm erzählte, wie ihn eine un[sichtbare] Hand auf der Brücke gehalten hätte, wie auf der Höhe ein Glanz seine Augen geblendet hätte, wie er eine Stimme gehört hätte, wie es in der Nacht mit ihm gesprochen, und wie Gott so ganz bei ihm eingekehrt, daß er kindlich seine Lose aus der Tasche holte, um zu wissen, was er tun sollte, dieser Glaube, dieser ewige Himmel im Leben, dies Sein in Gott; jetzt erst ging ihm die heilige Schrift auf. Wie den Leuten die Natur so nah trat, alles in himmlischen Mysterien; aber nicht gewaltsam majestätisch, sondern noch vertraut! – Er ging des Morgens hinaus, die Nacht war Schnee gefallen, im Tal lag heller Sonnenschein, aber weiterhin die Landschaft halb im Nebel. Er kam bald vom Weg ab, und eine sanfte Höhe hinauf, keine Spur von Fußtritten mehr, neben einem Tannenwald hin, die Sonne schnitt Krystalle, der Schnee war leicht und flockig, hie und da Spur von Wild leicht auf dem Schnee, die sich ins Gebirg hinzog. Keine Regung in der Luft als ein leises Wehen, als das Rauschen eines Vogels, der die Flocken leicht vom Schwanze stäubte. Alles so still, und die Bäume weithin mit schwankenden weißen Federn in der tiefblauen Luft. Es wurde ihm heimlich nach und nach, die einförmigen gewaltigen Flächen und Linien, vor denen es ihm manchmal war, als ob sie ihn mit gewaltigen Tönen anredete[n], waren verhüllt, ein heimliches Weihnachtsgefühl beschlich ihn, er meinte manchmal seine Mutter müsse hinter einem Baume hervortreten, groß, und ihm sagen, sie hätte ihm dies Alles beschert; wie er hinunterging, sah er, daß um seinen Schatten sich ein Regenbogen von Strahlen legte, es wurde ihm, als hätte ihn was an der Stirn berührt, das Wesen sprach ihn an. Er kam hinunter. Oberlin war im Zimmer, Lenz kam heiter auf ihn zu, und sagte ihm, er möge wohl einmal predigen. »Sind Sie Theologe?« Ja! – »Gut, nächsten Sonntag.«

Lenz ging vergnügt auf sein Zimmer, er dachte auf einen Text zum Predigen und verfiel in Sinnen, und seine Nächte wurden ruhig. Der Sonntagmorgen kam, es war Tauwetter eingefallen. Vorüberstreifende Wolken, Blau dazwischen, die Kirche lag neben am Berg hinauf, auf einem Vorsprung, der Kirchhof drum herum. Lenz stand oben, wie die Glocke läutete und die Kirchengänger, die Weiber und Mädchen in ihrer ernsten schwarzen Tracht, das weiße gefaltete Schnupftuch auf dem Gesangbuche und den Rosmarinzweig von den verschiedenen Seiten die schmalen Pfade zwischen den Felsen herauf und herab kamen. Ein Sonnenblick lag manchmal über dem Tal, die laue Luft regte sich langsam, die Landschaft schwamm im Duft, fernes Geläute, es war als löste sich alles in eine harmonische Welle auf.

Auf dem kleinen Kirchhof war der Schnee weg, dunkles Moos unter den schwarzen Kreuzen, ein verspäteter Rosenstrauch lehnte an der Kirchhofmauer, verspätete Blumen dazu unter dem Moos hervor, manchmal Sonne, dann wieder dunkel. Die Kirche fing an, die Menschenstimmen begegneten sich im reinen hellen Klang; ein Eindruck, als schaue man in reines durchsichtiges Bergwasser. Der Gesang verhallte, Lenz sprach, er war schüchtern, unter den Tönen hatte sein Starrkrampf sich ganz gelegt, sein ganzer Schmerz wachte jetzt auf, und legte sich in sein Herz. Ein süßes Gefühl unendlichen Wohls beschlich ihn. Er sprach einfach mit den Leuten, sie litten alle mit ihm, und es war ihm ein Trost, wenn er über einige müdgeweinte Augen Schlaf, und gequälten Herzen Ruhe bringen, wenn er über dieses von materiellen Bedürfnissen gequälte Sein, diese dumpfen Leiden gen Himmel leiten konnte. Er war fester geworden, wie er schloß, da fingen die Stimmen wieder an:

Laß in mir die heil'gen Schmerzen,
Tiefe Bronnen ganz aufbrechen;
Leiden sei all' mein Gewinst,
Leiden sei mein Gottesdienst.

Das Drängen in ihm, die Musik, der Schmerz, erschütterte ihn. Das All war für ihn in Wunden; er fühlte tiefen unnennbaren Schmerz davon. Jetzt, ein anderes Sein, göttliche, zuckende Lippen bückten sich über ihm [nieder], und sogen sich an seine Lippen; er ging auf sein einsames Zimmer. Er war allein, allein! Da rauschte die Quelle, Ströme brachen aus seinen Augen, er krümmte sich in sich, es zuckten seine Glieder, es war ihm als müsse er sich auflösen, er konnte kein Ende finden der Wollust; endlich dämmerte es in ihm, er empfand ein leises tiefes Mitleid in sich selbst, er weinte über sich, sein Haupt sank auf die Brust, er schlief ein, der Vollmond stand am Himmel, die Locken fielen ihm über die Schläfe und das Gesicht, die Tränen hingen ihm an den Wimpern und trockneten auf den Wangen, so lag er nun da allein, und Alles war ruhig und still und kalt, und der Mond schien die ganze Nacht und stand über den Bergen.

Am folgenden Morgen kam er herunter, er erzählte Oberlin ganz ruhig, wie ihm die Nacht seine Mutter erschienen sei; sie sei in einem weißen Kleide aus der dunkeln Kirchhofmauer hervorgetreten, und habe eine weiße und eine rote Rose an der Brust stecken gehabt; sie sei dann in eine Ecke gesunken, und die Rosen seien langsam über sie gewachsen, sie sei gewiß tot; er sei ganz ruhig darüber. Oberlin versetzte ihm nun, wie er bei dem Tod seines Vaters allein auf dem Felde gewesen sei, und er dann eine Stimme gehört habe, so daß er wußte, daß sein Vater tot sei, und wie er heimgekommen, sei es so gewesen. Das führte sie weiter, Oberlin sprach noch von den Leuten im Gebirge, von Mädchen, die das Wasser und Metall unter der Erde fühlten, von Männern, die auf manchen Berghöhen angefaßt würden und mit einem Geiste rängen; er sagte ihm auch, wie er einmal im Gebirg durch das Schauen in ein leeres tiefes Bergwasser in eine Art von Somnambulismus versetzt worden sei. Lenz sagte, daß der Geist des Wassers über ihn gekommen sei, daß er dann etwas von seinem eigentümlichen Sein empfunden hätte. Er fuhr weiter fort: Die einfachste, reinste Natur hinge am nächsten mit der elementarischen zusammen, je feiner der Mensch geistig fühlt und lebt, um so abgestumpfter würde dieser elementarische Sinn; er halte ihn nicht für einen hohen Zustand, er sei nicht selbstständig genug, aber er meine, es müsse ein unendliches Wonnegefühl sein, so von dem eigentümlichen Leben jeder Form berührt zu werden; für Gesteine, Metalle, Wasser und Pflanzen eine Seele zu haben; so traumartig jedes Wesen in der Natur in sich aufzunehmen, wie die Blumen mit dem Zu- und Abnehmen des Mondes die Luft.

Er sprach sich selbst weiter aus, wie in Allem eine unaussprechliche Harmonie, ein Ton, eine Seligkeit sei, die in den höhern Formen mit mehr Organen aus sich herausgriffe, tönte, auffaßte und dafür aber auch um so tiefer affiziert würde, wie in den niedrigen Formen Alles zurückgedrängter, beschränkter, dafür aber auch die Ruhe in sich größer sei. Er verfolgte das noch weiter. Oberlin brach es ab, es führte ihn zu weit von seiner einfachen Art ab. Ein andermal zeigte ihm Oberlin Farbentäfelchen, er setzte ihm auseinander, in welcher Beziehung jede Farbe mit dem Menschen stände, er brachte zwölf Apostel heraus, deren jeder durch eine Farbe repräsentiert würde. Lenz faßte das auf, er spann die Sache weiter, kam in ängstliche Träume, und fing an wie Stilling die Apokalypse zu lesen, und las viel in der Bibel.

Um diese Zeit kam *Kaufmann* mit seiner Braut in's Steintal. Lenzen war Anfangs das Zusammentreffen unangenehm, er hatte sich so ein Plätzchen zurechtgemacht, das bißchen Ruhe war ihm so kostbar und jetzt kam ihm jemand entgegen, der ihn an so vieles erinnerte, mit dem er sprechen, reden mußte, der seine Verhältnisse kannte. Oberlin wußte von Allem nichts; er hatte ihn aufgenommen, gepflegt; er sah es als eine Schikkung Gottes, der den Unglücklichen ihm zugesandt hätte, er liebte ihn herzlich. Auch war es Alles notwendig, daß er da war, er gehörte zu ihnen, als wäre er schon längst da, und Niemand frug, woher er gekommen und wohin er gehen werde. Über Tisch war Lenz wieder in guter Stimmung, man sprach von Literatur, er war auf seinem Gebiete; die idealistische Periode fing damals an, Kaufmann war ein Anhänger davon, Lenz widersprach heftig. Er sagte: Die Dichter, von denen man sage, sie geben die Wirklichkeit, hätten auch keine Ahnung davon, doch seien sie immer noch erträglicher, als die, welche die Wirklichkeit verklären wollten. Er sagte: Der liebe Gott hat die Welt wohl gemacht wie sie sein soll, und wir können wohl nicht was Besseres klecksen, unser einziges Bestreben soll sein, ihm ein wenig nachzuschaffen. Ich verlange in allem Leben, Möglichkeit des Daseins, und dann ist's gut; wir haben dann nicht zu fragen, ob es schön, ob es häßlich ist, das Gefühl, daß Was geschaffen sei, Leben habe, stehe über diesen Beiden, und sei das einzige Kriterium in Kunstsachen. Übrigens begegne es uns nur selten, in Shakespeare finden wir es und in den Volksliedern tönt es einem ganz, in Göthe manchmal entgegen. Alles Übrige kann man ins Feuer werfen. Die Leute können auch keinen Hundsstall zeichnen. Da wolle man idealistische Gestalten, aber Alles, was ich davon gesehen, sind Holzpuppen. Dieser Idealismus ist die schmählichste Verachtung der menschlichen Natur. Man versuche es einmal und senke sich in das Leben des Geringsten und gebe es wieder, in den Zuckungen, den Andeutungen, dem ganzen feinen, kaum bemerkten Mienenspiel; er hätte dergleichen versucht im »Hofmeister« und den »Soldaten«. Es sind die prosaischsten Menschen unter der Sonne; aber die Gefühlsader ist in fast allen Menschen gleich, nur ist die Hülle mehr oder weniger dicht, durch die sie brechen muß. Man muß nur Aug und Ohren dafür haben. Wie ich gestern neben am Tal hinaufging, sah ich auf einem Steine zwei Mädchen sitzen, die eine band ihre Haare auf, die andre half ihr; und das goldne Haar hing herab, und ein ernstes bleiches Gesicht, und doch so jung, und die schwarze Tracht und die andre so sorgsam bemüht. Die schönsten, innigsten Bilder der altdeutschen Schule geben kaum eine Ahnung davon. Man möchte manchmal ein Medusenhaupt sein, um so eine Gruppe in Stein verwandeln zu können, und den Leuten zurufen. Sie standen auf, die schöne Gruppe war zerstört; aber wie sie so hinabstiegen, zwischen den Felsen war es wieder ein anderes Bild. Die schönsten Bilder, die schwellendsten Töne, gruppieren, lösen sich auf. Nur eins bleibt, eine unendliche Schönheit, die aus einer Form in die andre tritt, ewig aufgeblättert, verändert, man kann sie aber freilich nicht immer festhalten und in Museen stellen und auf Noten ziehen und dann Alt und Jung herbeirufen, und die Buben und Alten darüber radotieren und sich entzücken lassen. Man muß die Menschheit lieben, um in das eigentümliche Wesen jedes einzudringen, es darf einem keiner zu gering, keiner zu häßlich sein, erst dann kann man sie verstehen; das unbedeutendste Gesicht macht einen tiefen Eindruck als die bloße Empfindung des Schönen, und man kann die Gestalten aus sich heraustreten lassen, ohne etwas vom Äußern hinein zu kopieren, wo einem kein Leben, keine Muskeln, kein Puls entgegen schwillt und pocht. Kaufmann warf ihm vor, daß er in der Wirklichkeit doch keine Typen für einen Apoll von Belvedere oder eine Raphaelische Madonna finden würde. Was liegt daran, versetzte er, ich muß gestehen, ich fühle mich dabei sehr tot, wenn ich in mir arbeite, kann ich auch wohl was dabei fühlen, aber ich tue das Beste daran. Der Dichter und Bildende ist mir der Liebste, der mir die Natur am Wirklichsten gibt, so daß ich über seinem Gebild fühle, Alles Übrige stört mich. Die Holländischen Maler sind mir lieber, als die Italienischen, sie sind auch die einzigen faßlichen; ich kenne nur zwei Bilder, und zwar von Niederländern, die mir einen Eindruck gemacht hätten, wie das neue Testament; das Eine ist, ich weiß nicht von wem, Christus und die Jünger von Emaus. Wenn man so liest, wie die Jünger hinausgingen, es liegt gleich die ganze Natur in den Paar Worten. Es ist ein trüber, dämmernder Abend, ein einförmiger roter Streifen am Horizont, halbfinster auf der Straße, da kommt ein Unbekannter zu ihnen, sie sprechen, er bricht das Brot, da erkennen sie ihn, in einfach-menschlicher Art, und die göttlich-leidenden Züge reden ihnen deutlich, und sie erschrecken, denn es ist finster geworden, und es tritt sie etwas Unbegreifliches an, aber es ist kein gespenstisches Grauen; es ist wie wenn einem ein geliebter Toter in der Dämmerung in der alten Art entgegenträte, so ist das Bild, mit dem einförmigen, bräunlichen Ton darüber, dem trüben stillen Abend. Dann ein anderes. Eine Frau sitzt in ihrer Kammer, das Gebetbuch in der Hand. Es ist sonntäglich aufgeputzt, der Sand gestreut, so heimlich rein und warm. Die Frau hat nicht zur Kirche gekonnt, und sie verrichtet die Andacht zu Haus, das Fenster ist offen, sie sitzt darnach hingewandt, und es ist als schwebten zu dem Fenster über die weite ebne Landschaft die Glockentöne von dem Dorfe herein und verhallet der Sang der nahen Gemeinde aus der Kirche her, und die Frau liest den Text nach. – In der Art sprach er weiter, man horchte auf, es traf Vieles, er war rot geworden über den Reden, und bald lächelnd, bald ernst, schüttelte er die blonden Locken. Er hatte sich ganz vergessen. Nach dem Essen nahm ihn Kaufmann bei Seite. Er hatte Briefe von Lenzens Vater erhalten, sein Sohn sollte zurück, ihn unterstützen. Kaufmann sagte ihm, wie er sein Leben hier verschleudre, unnütz verliere, er solle sich ein Ziel stecken und dergleichen mehr. Lenz fuhr ihn an: Hier weg, weg! nach Haus? Toll werden dort? Du weißt, ich kann es nirgends aushalten, als da herum, in der Gegend, wenn ich nicht manchmal auf einen Berg könnte und die Gegend sehen könnte; und dann wieder herunter in's Haus, durch den Garten gehn, und zum Fenster hineinsehen. Ich würde toll! toll! Laßt mich doch in Ruhe! Nur ein bißchen Ruhe, jetzt wo es mir ein wenig wohl wird! Weg? Ich verstehe das nicht, mit den zwei Worten ist die Welt verhunzt. Jeder hat was nötig; wenn er [ruhen] kann, was könnt' er mehr haben! Immer steigen, ringen und so in Ewigkeit Alles was der Augenblick gibt, wegwerfen und immer darben, um einmal zu genießen; dürsten, während einem helle Quellen über den Weg springen. Es ist mir jetzt erträglich, und da will ich bleiben; warum? warum? Eben weil es mir wohl ist; was will mein Vater? Kann er mir geben? Unmöglich! Laßt mich in Ruhe. Er wurde heftig, Kaufmann ging, Lenz war verstimmt.

Am folgenden Tag wollte Kaufmann weg, er beredete Oberlin mit ihm in die Schweiz zu gehen. Der Wunsch, Lavater, den er längst durch Briefe kannte, auch persönlich kennen zu lernen; bestimmte ihn. Er sagte es zu. Man mußte einen Tag länger wegen der Zurüstungen warten. Lenz fiel das auf's Herz, er hatte, um seiner unendlichen Qual los zu werden, sich ängstlich an Alles geklammert; er fühlte in einzelnen Augenblicken tief, wie er sich Alles nur zurecht mache; er ging mit sich um wie mit einem kranken Kinde, manche Gedanken, mächtige

Gefühle wurde er nur mit der größten Angst los, da trieb es ihn wieder mit unendlicher Gewalt darauf, er zitterte, das Haar sträubte ihm fast, bis er es in der ungeheuersten Anspannung erschöpfte. Er rettete sich in eine Gestalt, die ihm immer vor Augen schwebte, und in Oberlin; seine Worte, sein Gesicht taten ihm unendlich wohl. So sah er mit Angst seiner Abreise entgegen.

Es war Lenzen unheimlich, jetzt allein im Hause zu bleiben. Das Wetter war milde geworden, er beschloß Oberlin zu begleiten, in's Gebirg. Auf der andern Seite, wo die Täler sich in die Ebne ausliefen, trennten sie sich. Er ging allein zurück. Er durchstrich das Gebirg in verschiedenen Richtungen, breite Flächen zogen sich in die Täler herab, wenig Wald, nichts als gewaltige Linien und weiter hinaus die weite rauchende Ebne, in der Luft ein gewaltiges Wehen, nirgends eine Spur von Menschen, als hie und da eine verlassene Hütte, wo die Hirten den Sommer zubrachten, an den Abhängen gelehnt. Er wurde still, vielleicht fast träumend, es verschmolz ihm Alles in eine Linie, wie eine steigende und sinkende Welle, zwischen Himmel und Erde, es war ihm als läge er an einem unendlichen Meer, das leise auf- und abwogte. Manchmal saß er, dann ging er wieder, aber langsam träumend. Er suchte keinen Weg. Es war finster Abend, als er an eine bewohnte Hütte kam, im Abhang nach dem Steintal. Die Türe war verschlossen, er ging an's Fenster, durch das ein Lichtschimmer fiel. Eine Lampe erhellte fast nur einen Punkt, ihr Licht fiel auf das bleiche Gesicht eines Mädchens, das mit halb geöffneten Augen, leise die Lippen bewegend, dahinter ruhte. Weiter weg im Dunkel saß ein altes Weib, das mit schnarrender Stimme aus einem Gesangbuch sang. Nach langem Klopfen öffnete sie; sie war halb taub, sie trug Lenz einiges Essen auf und wies ihm eine Schlafstelle an, wobei sie beständig ihr Lied fortsang. Das Mädchen hatte sich nicht gerührt. Einige Zeit darauf kam ein Mann herein, er war lang und hager, Spuren von grauen Haaren, mit unruhigem verwirrtem Gesicht. Er trat zum Mädchen, sie zuckte auf und wurde unruhig. Er nahm ein getrocknetes Kraut von der Wand, und legte ihr die Blätter auf die Hand, so daß sie ruhiger wurde und verständliche Worte in langsam ziehenden, durchschneidenden Tönen summte. Er erzählte, wie er eine Stimme im Gebirge gehört, und dann über den Tälern ein Wetterleuchten gesehen habe, auch habe es ihn angefaßt und er habe damit gerungen wie Jakob. Er warf sich nieder und betete leise mit Inbrunst, während die Kranke in einem langsam ziehenden, leise verhallenden Ton sang. Dann gab er sich zur Ruhe.

Lenz schlummerte träumend ein, und dann hörte er im Schlaf, wie die Uhr pickte. Durch das leise Singen des Mädchens und die Stimme der Alten zugleich tönte das Sausen des Windes bald näher, bald ferner, und der bald helle, bald verhüllte Mond, warf sein wechselndes Licht traumartig in die Stube. Einmal wurden die Töne lauter, das Mädchen redete deutlich und bestimmt, sie sagte, wie auf der Klippe gegenüber eine Kirche stehe. Lenz sah auf und sie saß mit weitgeöffneten Augen aufrecht hinter dem Tisch, und der Mond warf sein stilles Licht auf ihre Züge, von denen ein unheimlicher Glanz zu strahlen schien, zugleich schnarrte die Alte und über diesem Wechseln und Sinken des Lichts, den Tönen und Stimmen schlief endlich Lenz tief ein.

Er erwachte früh, in der dämmernden Stube schlief Alles, auch das Mädchen war ruhig geworden, sie lag zurückgelehnt, die Hände gefaltet unter der linken Wange; das Geisterhafte aus ihren Zügen war verschwunden, sie hatte jetzt einen Ausdruck unbeschreiblichen Leidens. Er trat an's Fenster und öffnete es, die kalte Morgenluft schlug ihm entgegen. Das Haus lag am Ende eines schmalen, tiefen Tales, das sich nach Osten öffnete, rote Strahlen schossen durch den grauen Morgenhimmel in das dämmernde Tal, das im weißen Rauch lag und funkelte[n] am grauen Gestein und trafen in die Fenster der Hütten. Der Mann erwachte, seine Augen trafen auf ein erleuchtet Bild an der Wand, sie richteten sich fest und starr darauf, nun fing er an die Lippen zu bewegen und betete leise, dann laut und immer lauter. Indem kamen Leute zur Hütte herein, sie warfen sich schweigend nieder. Das Mädchen lag in Zuckungen, die Alte schnarrte ihr Lied und plauderte mit den Nachbarn. Die Leute erzählten Lenzen, der Mann sei vor langer Zeit in die Gegend gekommen, man wisse nicht woher; er stehe im Rufe eines Heiligen, er sehe das Wasser unter der Erde und könne Geister beschwören, und man wallfahre zu ihm. Lenz erfuhr zugleich, daß er weiter vom Steintal abgekommen, er ging weg mit einigen Holzhauern, die in die Gegend gingen. Es tat ihm wohl, Gesellschaft zu finden; es war ihm jetzt unheimlich mit dem gewaltigen Menschen, von dem es ihm manchmal war, als rede er in entsetzlichen Tönen. Auch fürchtete er sich vor sich selbst in der Einsamkeit.

Er kam heim. Doch hatte die verflossene Nacht einen gewaltigen Eindruck auf ihn gemacht. Die Welt war ihm helle gewesen, und an sich ein Regen und Wimmeln nach einem Abgrund, zu dem ihn eine unerbittliche Gewalt hinriß. Er wühlte jetzt in sich. Er aß wenig; halbe Nächte im Gebet und fieberhaften Träumen. Ein gewaltsames Drängen, und dann erschöpft zurückgeschlagen; er lag in den heißesten Tränen, und dann bekam er plötzlich eine Stärke, und erhob sich kalt und gleichgültig, seine Tränen waren ihm dann wie Eis, er mußte lachen. Je höher er sich aufriß, desto tiefer stürzte er hinunter. Alles strömte wieder zusammen. Ahnungen von seinem alten Zustande durchzuckten ihn, und warfen Streiflichter in das wüste Chaos seines Geistes. Des Tags saß er gewöhnlich unten im Zimmer, Madame Oberlin ging ab und zu, er zeichnete, malte, las, griff nach jeder Zerstreuung, Alles hastig von einem zum andern. Doch schloß er sich jetzt besonders an Madame Oberlin an, wenn sie so da saß, das schwarze Gesangbuch vor sich, neben eine Pflanze, im Zimmer gezogen, das jüngste Kind zwischen den Knien; auch machte er sich viel mit dem Kinde zu tun. So saß er einmal, da wurde ihm ängstlich, er sprang auf, ging auf und ab. Die Türe halb offen, da hörte er die Magd singen, erst unverständlich, dann kamen die Worte

Auf dieser Welt hab' ich kein' Freud',
Ich hab' mein Schatz und der ist weit.

Das fiel auf ihn, er verging fast unter den Tönen. Madame Oberlin sah ihn an. Er faßte sich ein Herz, er konnte nicht mehr schweigen, er mußte davon sprechen. »Beste Madame Oberlin, können Sie mir nicht sagen, was das Frauenzimmer macht, dessen Schicksal mir so zentnerschwer auf dem Herzen liegt?« »Aber Herr Lenz, ich weiß von nichts.«

Er schwieg dann wieder und ging hastig im Zimmer auf und ab; dann fing er wieder an: Sehen Sie, ich will gehn; Gott, sie sind noch die einzigen Menschen, wo ich's aushalten könnte, und doch – doch, ich muß weg, zu *ihr* – aber ich kann nicht, ich darf nicht. – Er war heftig bewegt und ging hinaus.

Gegen Abend kam Lenz wieder, es dämmerte in der Stube; er setzte sich neben Madame Oberlin. Sehn Sie, fing er wieder an, wenn sie so durch's Zimmer ging, und so halb für sich allein sang, und jeder Tritt war eine Musik, es war so eine Glückseligkeit in ihr, und das strömte in mich über, ich war immer ruhig, wenn ich sie ansah, oder sie so den Kopf an mich lehnte, und Gott! Gott – Ich war schon lange nicht mehr ruhig ... Ganz Kind; es war, als war ihr die Welt zu weit, sie zog sich so in sich zurück, sie suchte das engste Plätzchen im ganzen Haus, und da saß sie, als wäre ihre ganze Seligkeit nur in einem kleinen Punkt, und dann war mir's auch so; wie ein Kind hätte ich dann spielen können. Jetzt ist es mir so eng, so eng, sehn

Sie, es ist mir manchmal, als stieß' ich mit den Händen an den Himmel; o ich ersticke! Es ist mir dabei oft, als fühlt' ich physischen Schmerz, da in der linken Seite, im Arm, womit ich sie sonst faßte. Doch kann ich sie mir nicht mehr vorstellen, das Bild läuft mir fort, und dies martert mich, nur wenn es mir manchmal ganz hell wird, so ist mir wieder recht wohl. – Er sprach später noch oft mit Madame Oberlin davon, aber meist nur in abgebrochenen Sätzen; sie wußte wenig zu antworten, doch tat es ihm wohl.

Unterdessen ging es fort mit seinen religiösen Quälereien. Je leerer, je kälter, je sterbender er sich innerlich fühlte, desto mehr drängte es in ihn, eine Glut in sich zu wecken, es kamen ihm Erinnerungen an die Zeiten, wo Alles in ihm sich drängte, wo er unter all' seinen Empfindungen keuchte; und jetzt so tot. Er verzweifelte an sich selbst, dann warf er sich nieder, er rang die Hände, er rührte Alles in sich auf; aber tot! tot! Dann flehete er, Gott möge ein Zeichen an ihm tun, dann wühlte er in sich, fastete, lag träumend am Boden. Am dritten Hornung hörte er, ein Kind in Fouday sei gestorben, er faßte es auf, wie eine fixe Idee. Er zog sich in sein Zimmer und fastete einen Tag. Am vierten trat er plötzlich in's Zimmer zu Madame Oberlin, er hatte sich das Gesicht mit Asche beschmiert, und forderte einen alten Sack; sie erschrak, man gab ihm, was er verlangte. Er wickelte den Sack um sich, wie ein Büßender, und schlug den Weg nach Fouday ein. Die Leute im Tale waren ihn schon gewohnt; man erzählte sich allerlei Seltsames von ihm. Er kam in's Haus, wo das Kind lag. Die Leute gingen gleichgültig ihrem Geschäfte nach; man wies ihm eine Kammer, das Kind lag im Hemde auf Stroh, auf einem Holztisch.

Lenz schauderte, wie er die kalten Glieder berührte und die halbgeöffneten gläsernen Augen sah. Das Kind kam ihm so verlassen vor, und er sich so allein und einsam; er warf sich über die Leiche nieder; der Tod erschreckte ihn, ein heftiger

Schmerz faßte ihn an, diese Züge, dieses stille Gesicht sollte verwesen, er warf sich nieder, er betete mit allem Jammer der Verzweiflung, daß Gott ein Zeichen an ihm tue, und das Kind beleben möge, wie er schwach und unglücklich sei; dann sank er ganz in sich und wühlte all seinen Willen auf einen Punkt, so saß er lange starr. Dann erhob er sich und faßte die Hände des Kindes und sprach laut und fest: Stehe auf und wandle! Aber die Wände hallten ihm nüchtern den Ton nach, daß es zu spotten schien, und die Leiche blieb kalt. Da stürzte er halb wahnsinnig nieder, dann jagte es ihn auf, hinaus in's Gebirg. Wolken zogen rasch über den Mond; bald Alles im Finstern, bald zeigten sie die nebelhaft verschwindende Landschaft im Mondschein. Er rannte auf und ab. In seiner Brust war ein Triumph-Gesang der Hölle. Der Wind klang wie ein Titanenlied, es war ihm, als könne er eine ungeheure Faust hinauf in den Himmel ballen und Gott herbei reißen und zwischen seinen Wolken schleifen; als könnte er die Welt mit den Zähnen zermalmen und sie dem Schöpfer in's Gesicht speien; er schwur, er lästerte. So kam er auf die Höhe des Gebirges, und das ungewisse Licht dehnte sich hinunter, wo die weißen Steinmassen, und der Himmel war ein dummes blaues Aug, und der Mond stand ganz lächerlich drin, einfältig. Lenz mußte laut lachen, und mit dem Lachen griff der Atheismus in ihn und faßte ihn ganz sicher und ruhig und fest. Er wußte nicht mehr, was ihn vorhin so bewegt hatte, es fror ihn, er dachte, er wolle jetzt zu Bette gehn, und er ging kalt und unerschütterlich durch das unheimliche Dunkel – es war ihm Alles leer und hohl, er mußte laufen und ging zu Bette.

Am folgenden Tag befiel ihn ein großes Grauen vor seinem gestrigen Zustande, er stand nun am Abgrund, wo eine wahnsinnige Lust ihn trieb, immer wieder hineinzuschauen, und sich diese Qual zu wiederholen. Dann steigerte sich seine Angst, die Sünde und der heilige Geist stand vor ihm.

Einige Tage darauf kam Oberlin aus der Schweiz zurück, viel früher als man es erwartet hatte. Lenz war darüber betroffen. Doch wurde er heiter, als Oberlin ihm von seinen Freunden in Elsaß erzählte. Oberlin ging dabei im Zimmer hin und her, und packte aus, legte hin. Dabei erzählte er von Pfeffel, das Leben eines Landgeistlichen glücklich preisend. Dabei ermahnte er ihn, sich in den Wunsch seines Vaters zu fügen, seinem Berufe gemäß zu leben, heimzukehren. Er sagte ihm: Ehre Vater und Mutter u. dgl. m. Über dem Gespräch geriet Lenz in heftige Unruhe; er stieß tiefe Seufzer aus, Tränen drangen ihm aus den Augen, er sprach abgebrochen. Ja, ich halt' es aber nicht aus; wollen Sie mich verstoßen? Nur in Ihnen ist der Weg zu Gott. Doch mit mir ist's aus! Ich bin abgefallen, verdammt in Ewigkeit, ich bin der ewige Jude. Oberlin sagte ihm, dafür sei Jesus gestorben, er möge sich brünstig an ihn wenden, und er würde Teil haben an seiner Gnade.

Lenz erhob das Haupt, rang die Hände, und sagte: Ach! ach! göttlicher Trost. Dann frug er plötzlich freundlich, was das Frauenzimmer mache. Oberlin sagte, er wisse von nichts, er wolle ihm aber in Allem helfen und raten, er müsse ihm aber Ort, Umstände und Person angeben. Er antwortete nichts, wie gebrochne Worte: ach sie ist tot! Lebt sie noch? du Engel, sie liebte mich – ich liebte sie, sie war's würdig, o du Engel. Verfluchte Eifersucht, ich habe sie aufgeopfert – sie liebte noch einen andern – ich liebte sie, sie war's würdig – o gute Mutter, auch die liebte mich. Ich bin ein Mörder. Oberlin versetzte: vielleicht lebten alle diese Personen noch, vielleicht vergnügt; es möge sein, wie es wolle, so könne und werde Gott, wenn er sich zu ihm bekehrt haben würde, diesen Personen auf sein Gebet und Tränen soviel Gutes erweisen, daß der Nutzen, den sie alsdann von ihm hätten, den Schaden, den er ihnen zugefügt, vielleicht weit überwiegen würde. Er wurde darauf nach und nach ruhiger und ging wieder an sein Malen.

Den Nachmittag kam er wieder, auf der linken Schulter hatte er ein Stück Pelz und in der Hand ein Bündel Gerten, die man Oberlin nebst einem Briefe für Lenz mitgegeben hatte. Er reichte Oberlin die Gerten mit dem Begehren, er sollte ihn damit schlagen. Oberlin nahm die Gerten aus seiner Hand, drückte ihm einige Küsse auf den Mund, und sagte: dies wären die Streiche, die er ihm zu geben hätte, er möchte ruhig sein, sein Sache allein mit Gott ausmachen, alle möglichen Schläge würden keine einzige seiner Sünden tilgen; dafür hätte Jesus gesorgt, zu dem möchte er sich wenden. Er ging.

Beim Nachtessen war er wie gewöhnlich etwas tiefsinnig. Doch sprach er von allerlei, aber mit ängstlicher Hast. Um Mitternacht wurde Oberlin durch ein Geräusch geweckt. Lenz rannte durch den Hof, rief mit hohler, harter Stimme den Namen Friederike mit äußerster Schnelle, Verwirrung und Verzweiflung ausgesprochen, er stürzte sich dann in den Brunnentrog, patschte darin, wieder heraus und herauf in sein Zimmer, wieder herunter in den Trog, und so einigemal, endlich wurde er still. Die Mägde, die in der Kinderstube unter ihm schliefen, sagten, sie hätten oft, insonderheit aber in selbiger Nacht, ein Brummen gehört, das sie mit nichts als mit dem Tone einer Haberpfeife zu vergleichen wußten. Vielleicht war es sein Winseln, mit hohler, fürchterlicher, verzweifelnder Stimme.

Am folgenden Morgen kam Lenz lange nicht. Endlich ging Oberlin hinauf in sein Zimmer, er lag im Bett ruhig und unbeweglich. Oberlin mußte lange fragen, ehe er Antwort bekam; endlich sagte er: Ja Herr Pfarrer, sehen Sie, die Langeweile! die Langeweile! o! so langweilig, ich weiß gar nicht mehr, was ich sagen soll, ich habe schon alle Figuren an die Wand gezeichnet. Oberlin sagte ihm, er möge sich zu Gott wenden; da lachte er und sagte: ja wenn ich so glücklich wäre, wie Sie, einen so behaglichen Zeitvertreib aufzufinden, ja man könnte sich die Zeit schon so ausfüllen. Alles aus Müßiggang. Denn die

Meisten beten aus Langeweile; die Andern verlieben sich aus Langeweile, die Dritten sind tugendhaft, die Vierten lasterhaft und ich gar nichts, gar nichts, ich mag mich nicht einmal umbringen: es ist zu langweilig:

O Gott in Deines Lichtes Welle,
In Deines glüh'nden Mittags Zelle
Sind meine Augen wund gewacht,
Wird es denn niemals wieder Nacht?

Oberlin blickte ihn unwillig an und wollte gehen. Lenz huschte ihm nach und indem er ihn mit unheimlichen Augen ansah: sehn Sie, jetzt kommt mir doch was ein, wenn ich nur unterscheiden könnte, ob ich träume oder wache: sehn Sie, das ist sehr richtig, wir wollen es untersuchen; er huschte dann wieder ins Bett. Den Nachmittag wollte Oberlin in der Nähe einen Besuch machen; seine Frau war schon fort; er war im Begriff, wegzugehen, als es an seine Tür klopfte und Lenz hereintrat mit vorwärtsgebogenem Leib, niederwärts hängendem Haupt, das Gesicht über und über und das Kleid hie und da mit Asche bestreut, mit der rechten Hand den linken Arm haltend. Er bat Oberlin, ihm den Arm zu ziehen, er hätte ihn verrenkt, er hätte sich zum Fenster heruntergestürzt, weil es aber Niemand gesehen, wollte er es auch Niemand sagen. Oberlin erschrak heftig, doch sagte er nichts, er tat was Lenz begehrte, zugleich schrieb er an den Schulmeister in Bellefosse, er möge herunterkommen und gab ihm Instruktionen. Dann ritt er weg. Der Mann kam. Lenz hatte ihn schon oft gesehen und hatte sich an ihn attachiert. Er tat als hätte er mit Oberlin etwas reden wollen, wollte dann wieder weg. Lenz bat ihn, zu bleiben und so blieben sie beisammen. Lenz schlug noch einen Spaziergang nach Fouday vor. Er besuchte das Grab des Kindes, das er hatte erwecken wollen, kniete zu verschiedenen Malen nieder, küßte die Erde des Grabes, schien betend, doch mit großer Verwirrung, riß Etwas von der auf dem Grab stehenden Blume ab, als ein Andenken, ging wieder zurück nach Waldbach, kehrte wieder um und Sebastian mit. Bald ging er langsam und klagte über große Schwäche in den Gliedern, dann ging er mit verzweifelnder Schnelligkeit, die Landschaft beängstigte ihn, sie war so eng, daß er an Alles zu stoßen fürchtete. Ein unbeschreibliches Gefühl des Mißbehagens befiel ihn, sein Begleiter ward ihm endlich lästig, auch mochte er seine Absicht erraten und suchte Mittel ihn zu entfernen. Sebastian schien ihm nachzugeben, fand aber heimlich Mittel, seine Brüder von der Gefahr zu benachrichtigen, und nun hatte Lenz zwei Aufseher statt einen. Er zog sie weiter herum, endlich ging er nach Waldbach zurück und da sie nahe an dem Dorfe waren, kehrte er wie ein Blitz wieder um und sprang wie ein Hirsch gen Fouday zurück. Die Männer setzten ihm nach. Indem sie ihn in Fouday suchten, kamen zwei Krämer und erzählten ihnen, man hätte in einem Hause einen Fremden gebunden, der sich für einen Mörder ausgäbe, aber gewiß kein Mörder sein könne. Sie liefen in dies Haus und fanden es so. Ein junger Mensch hatte ihn auf sein ungestümes Dringen in der Angst gebunden. Sie banden ihn los und brachten ihn glücklich nach Waldbach, wohin Oberlin indessen mit seiner Frau zurückgekommen war. Er sah verwirrt aus, da er aber merkte, daß er liebreich und freundlich empfangen wurde, bekam er wieder Mut, sein Gesicht veränderte sich vorteilhaft, er dankte seinen beiden Begleitern freundlich und zärtlich und der Abend ging ruhig herum. Oberlin bat ihn inständig, nicht mehr zu baden, die Nacht ruhig im Bette zu bleiben und wenn er nicht schlafen könne, sich mit Gott zu unterhalten. Er versprachs und tat es so die folgende Nacht, die Mägde hörten ihn fast die ganze Nacht hindurch beten. – Den folgenden Morgen kam er mit vergnügter Miene auf Oberlins Zimmer. Nachdem sie Verschiedenes gesprochen hatten, sagte er mit ausnehmender Freundlichkeit: Liebster Herr Pfarrer, das Frauenzimmer, wovon ich Ihnen sagte, ist gestorben, ja gestorben, der Engel. Woher wissen Sie das? – Hieroglyphen, Hieroglyphen – und dann zum Himmel geschaut und wieder: ja gestorben – Hieroglyphen. Es war dann nichts weiter aus ihm zu bringen. Er setzte sich und schrieb einige Briefe, gab sie sodann Oberlin mit der Bitte, einige Zeilen dazu zu setzen.

Sein Zustand war indessen immer trostloser geworden, alles was er an Ruhe aus der Nähe Oberlins und aus der Stille des Tals geschöpft hatte, war weg; die Welt, die er hatte nutzen wollen, hatte einen ungeheuern Riß, er hatte keinen Haß, keine Liebe, keine Hoffnung, eine schreckliche Leere und doch eine folternde Unruhe, sie auszufüllen. Er hatte *Nichts.* Was er tat, tat er mit Bewußtsein und doch zwang ihn ein innerlicher Instinkt. Wenn er allein war, war es ihm so entsetzlich einsam, daß er beständig laut mit sich redete, rief, und dann erschrak er wieder und es war ihm, als hätte eine fremde Stimme mit ihm gesprochen. Im Gespräch stockte er oft, eine unbeschreibliche Angst befiel ihn, er hatte das Ende seines Satzes verloren; dann meinte er, er müsse das zuletzt gesprochene Wort behalten und immer sprechen, nur mit großer Anstrengung unterdrückte er diese Gelüste. Es bekümmerte die guten Leute tief, wenn er manchmal in ruhigen Augenblicken bei ihnen saß und unbefangen sprach und er dann stockte und eine unaussprechliche Angst sich in seinen Zügen malte, er die Personen, die ihm zunächst saßen krampfhaft am Arm faßte und erst nach und nach wieder zu sich kam. War er allein, oder las er, war's noch ärger, all' seine geistige Tätigkeit blieb manchmal in einem Gedanken hängen; dachte er an eine fremde Person, oder stellte er sie sich lebhaft vor, so war es ihm, als würde er sie selbst, er verwirrte sich ganz und dabei hatte er einen unendlichen Trieb, mit Allem um ihn im Geist willkürlich umzugehen; die Natur, Menschen, nur Oberlin ausgenommen, Alles traumartig, kalt; er amüsierte sich, die Häuser auf die Dächer zu stellen, die Menschen an und auszukleiden, die wahnwitzigsten Possen auszusinnen. Manchmal fühlte er einen unwiderstehlichen Drang, das Ding auszuführen, und dann schnitt er entsetzliche Fratzen. Einst saß er neben Oberlin, die Katze lag gegenüber auf einem Stuhl, plötzlich wurden seine Augen starr, er hielt sie unverrückt auf das Tier gerichtet, dann glitt er langsam den Stuhl herunter, die Katze ebenfalls, sie war wie bezaubert von seinem Blick, sie geriet in ungeheure Angst, sie sträubte sich scheu, Lenz mit den nämlichen Tönen, mit fürchterlich entstelltem Gesicht, wie in Verzweiflung stürzten Beide auf einander los, da endlich erhob sich Madame Oberlin, um sie zu trennen. Dann war er wieder tief beschämt. Die Zufälle des Nachts steigerten sich aufs Schrecklichste. Nur mit der größten Mühe schlief er ein, während er zuvor die noch schreckliche Leere zu füllen versucht hatte. Dann geriet er zwischen Schlaf und Wachen in einen entsetzlichen Zustand; er stieß an etwas Grauenhaftes, Entsetzliches, der Wahnsinn packte ihn, er fuhr mit fürchterlichem Schreien, in Schweiß gebadet, auf, und erst nach und nach fand er sich wieder. Er mußte dann mit den einfachsten Dingen anfangen, um wieder zu sich zu kommen. Eigentlich nicht er selbst tat es, sondern ein mächtiger Erhaltungstrieb, es war als sei er doppelt und der eine Teil suchte den andern zu retten, und rief sich selbst zu; er erzählte, er sagte in der heftigsten Angst Gedichte her, bis er wieder zu sich kam.

Auch bei Tage bekam er diese Zufälle, sie waren dann noch schrecklicher; denn sonst hatte ihn die Helle davor bewahrt. Es war ihm dann, als existiere er allein, als bestünde die Welt nur in seiner Einbildung, als sei nichts, als er, er sei das ewig Verdammte, der Satan; allein mit seinen folternden Vorstellungen. Er jagte mit rasender Schnelligkeit sein Leben durch und dann sagte er: konsequent, konsequent; wenn Jemand was sprach: inkonsequent, inkonsequent; es war die Kluft unrettbaren Wahnsinns, eines Wahnsinns durch die Ewigkeit. Der Trieb der geistigen Erhaltung jagte ihn auf; er stürzte sich in Oberlins Arme, er klammerte sich an ihn, als wolle er sich in ihm drängen, er war das einzige Wesen, das für ihn lebte und durch den ihm wieder das Leben offenbart wurde. Allmählig brachten ihn Oberlins Worte denn zu sich, er lag auf den Knien vor Oberlin, seine Hände in den Händen Oberlins, sein mit kaltem Schweiß bedecktes Gesicht auf dessen Schoß, am ganzen Leibe bebend und zitternd. Oberlin empfand unendliches Mitleid, die Familie lag auf den Knien und betete für den Unglücklichen, die Mägde flohen und hielten ihn für einen Besessenen. Und wenn er ruhiger wurde, war es wie der Jammer eines Kindes, er schluchzte, er empfand ein tiefes, tiefes Mitleid mit sich selbst; das waren auch seine seligsten Augenblicke. Oberlin sprach ihm von Gott. Lenz wand sich ruhig los und sah ihn mit einem Ausdruck unendlichen Leidens an, und sagte endlich: aber ich, wär' ich allmächtig, sehen Sie, wenn ich so wäre, und ich könnte das Leiden nicht ertragen, ich würde retten, retten, ich will ja nichts als Ruhe, Ruhe, nur ein wenig Ruhe und schlafen können. Oberlin sagte, dies sei eine Profanation. Lenz schüttelte trostlos mit dem Kopfe. Die halben Versuche zum Entleiben, die er indes fortwährend machte, waren nicht ganz Ernst, es war weniger der Wunsch des Todes, für ihn war ja keine Ruhe und Hoffnung im Tod; es war mehr in Augenblicken der fürchterlichsten Angst oder der dumpfen an's Nichtsein grenzenden Ruhe ein Versuch, sich zu sich selbst zu bringen durch physischen Schmerz. Augenblicke, wenn sein Geist sonst auf irgend einer wahnwitzigen Idee zu reiten schien, waren noch die glücklichsten. Es war doch ein wenig Ruhe und sein wirrer Blick war nicht so entsetzlich, als die nach Rettung dürstende Angst, die ewige Qual der Unruhe! Oft schlug er sich den Kopf an die Wand, oder versetzte sich sonst einen heftigen physischen Schmerz.

Den 8. Morgens blieb er im Bette, Oberlin ging hinauf; er lag fast nackt auf dem Bette und war heftig. Oberlin wollte ihn zudecken, er klagte aber sehr, wie schwer Alles sei, so schwer, er glaube gar nicht, daß er gehen könne, jetzt endlich empfände er die ungeheure Schwere der Luft. Oberlin sprach ihm Mut zu. Er blieb aber in seiner frühern Lage und blieb den größten Teil des Tages so, auch nahm er keine Nahrung zu sich. Gegen Abend wurde Oberlin zu einem Kranken nach Bellefosse gerufen. Es war gelindes Wetter und Mondschein. Auf dem Rückweg begegnete ihm Lenz. Er schien ganz vernünftig und sprach ruhig und freundlich mit Oberlin. Der bat ihn, nicht [zu weit] zu gehen, er versprachs; im Weggehen wandte er sich plötzlich um und trat wieder ganz nah zu Oberlin und sagte rasch: sehn Sie, Herr Pfarrer, wenn ich das nur nicht mehr hören müßte mir wäre geholfen. »Was denn, mein Lieber?« Hören Sie denn nichts, hören Sie denn nicht die entsetzliche Stimme, die um den ganzen Horizont schreit, und die man gewöhnlich die Stille heißt, seit ich in dem stillen Tal bin, hör' ich's immer, es läßt mich nicht schlafen, ja Herr Pfarrer, wenn ich wieder einmal schlafen könnte. Er ging dann kopfschüttelnd weiter. Oberlin ging zurück nach Waldbach und wollte ihm jemand nachschicken, als er ihn die Stiege herauf in sein Zimmer gehen hörte. Einen Augenblick darauf platzte etwas im Hof mit so starkem Schall, daß es Oberlin unmöglich von dem Falle eines Menschen herkommen zu können schien. Die Kindsmagd kam todblaß und ganz zitternd.

Er saß mit kalter Resignation im Wagen, wie sie das Tal hervor nach Westen fuhren. Es war ihm einerlei, wohin man ihn führte; mehrmals wo der Wagen bei dem schlechten Wege in Gefahr geriet, blieb er ganz ruhig sitzen; er war vollkommen gleichgültig. In diesem Zustand legte er den Weg durch's Gebirg zurück. Gegen Abend waren sie im Rheintale. Sie entfernten sich allmählig vom Gebirg, das nun wie eine tiefblaue Krystallwelle sich in das Abendrot hob, und auf deren warmer Flut die roten Strahlen des Abend spielten; über die Ebene hin am Flusse des Gebirges lag ein schimmerndes bläuliches Gespinst. Es wurde finster, jemehr sie sich Straßburg näherten; hoher Vollmond, alle fernen Gegenstände dunkel, nur der Berg neben bildete eine scharfe Linie, die Erde war wie ein goldner Pokal, über den schäumend die Goldwellen des Monds liefen. Lenz starrte ruhig hinaus, keine Ahnung, kein Drang; nur wuchs eine dumpfe Angst in ihm, je mehr die Gegenstände sich in der Finsternis verloren. Sie mußten einkehren; da machte er wieder mehre Versuche, Hand an sich zu legen, war aber zu scharf bewacht. Am folgenden Morgen bei trübem regnerischem Wetter traf er in Straßburg ein. Er schien ganz vernünftig, sprach mit den Leuten; er tat Alles wie es die Andern taten, es war aber eine entsetzliche Leere in ihm, er fühlte keine Angst mehr, kein Verlangen; sein Dasein war ihm eine notwendige Last. – – So lebte er hin.

DER HESSISCHE LANDBOTE.

ERSTE BOTSCHAFT.

Darmstadt, im Juli 1834.

Vorbericht.

Dieses Blatt soll dem hessischen Lande die Wahrheit melden, aber wer die Wahrheit sagt, wird gehenkt, ja sogar der, welcher die Wahrheit liest, wird durch meineidige Richter vielleicht ge[str]aft. Darum haben die, welchen dies Blatt zukommt, folgendes zu beobachten:

1) Sie müssen das Blatt sorgfältig außerhalb ihres Hauses vor der Polizei verwahren;

2) sie dürfen es nur an treue Freunde mitteilen;

3) denen, welchen sie nicht trauen, wie sich selbst, dürfen sie es nur heimlich hinlegen;

4) würde das Blatt dennoch bei Einem gefunden, der es gelesen hat, so muß er gestehen, daß er es eben dem Kreisrat habe bringen wollen;

5) wer das Blatt nicht gelesen hat, wenn man es bei ihm findet, der ist natürlich ohne Schuld.

Friede den Hütten! Krieg den Palästen!

Im Jahr 1834 siehet es aus, als würde die Bibel Lügen gestraft. Es sieht aus, als hätte Gott die Bauern und Handwerker am 5ten Tage, und die Fürsten und Vornehmen am 6ten gemacht, und als hätte der Herr zu diesen gesagt: Herrschet über alles Getier, das auf Erden kriecht, und hätte die Bauern und Bürger zum Gewürm gezählt. Das Leben der Vornehmen ist ein langer Sonntag, sie wohnen in schönen Häusern, sie tragen zierliche Kleider, sie haben feiste Gesichter und reden eine eigne Sprache; das Volk aber liegt vor ihnen wie Dünger auf dem Acker. Der Bauer geht hinter dem Pflug, der Vornehme aber geht hinter ihm und dem Pflug und treibt ihn mit den Ochsen am Pflug, er nimmt das Korn und läßt ihm die Stoppeln. Das Leben des Bauern ist ein langer Werktag; Fremde verzehren seine Äcker vor seinen Augen, sein Leib ist eine Schwiele, sein Schweiß ist das Salz auf dem Tische des Vornehmen.

Im Großherzogtum Hessen sind 718,373 Einwohner, die geben an den Staat jährlich an 6,363,364 Gulden, als

1) Direkte Steuern	2,128,131 fl.
2) Indirekte Steuern	2,478,264 fl.
3) Domänen	1,547,394 fl.
4) Regalien	46,938 fl.
5) Geldstrafen	98,511 fl.
6) Verschiedene Quellen	64,198 fl.
	6,363,363 fl.

Dies Geld ist der Blutzehnte, der von dem Leib des Volkes genommen wird. An 700,000 Menschen schwitzen, stöhnen und hungern dafür. Im Namen des Staates wird es erpreßt, die Presser berufen sich auf die Regierung und die Regierung sagt, das sei nötig die Ordnung im Staat zu erhalten. Was ist denn nun das für gewaltiges Ding: der Staat? Wohnt eine Anzahl Menschen in einem Land und es sind Verordnungen oder Gesetze vorhanden, nach denen jeder sich richten muß, so sagt man, sie bilden einen Staat. Der Staat also sind *Alle*, die Ordner im Staate sind die Gesetze, durch welche das Wohl *Aller* gesichert wird, und die aus dem [Willen] *Aller* hervorgehen sollen. – Seht nun, was man in dem Großherzogtum aus dem Staat gemacht hat; seht was es heißt: die Ordnung im Staate erhalten! 700,000 Menschen bezahlen dafür 6 Millionen, d.h. sie werden zu Ackergäulen und Pflugstieren gemacht, damit sie in Ordnung leben. In Ordnung leben heißt hungern und geschunden werden.

Wer sind denn die, welche diese Ordnung gemacht haben, und die wachen, diese Ordnung zu erhalten? Das ist die Großherzogliche Regierung. Die Regierung wird gebildet von dem Großherzog und seinen obersten Beamten. Die andern Beamten sind Männer, die von der Regierung berufen werden, um jene Ordnung in Kraft zu erhalten. Ihre Anzahl ist Legion: Staatsräte und Regierungsräte, Landräte und Kreisräte, Geistliche Räte und Schulräte, Finanzräte und Forsträte u.s.w. mit allem ihrem Heer von Sekretären u.s.w. Das Volk ist ihre Herde, sie sind seine Hirten, Melker und Schinder; sie haben die Häute der Bauern an, der Raub der Armen ist in ihrem Hause; die Tränen der Witwen und Waisen sind das Schmalz auf ihren Gesichtern; sie herrschen frei und ermahnen das Volk zur Knechtschaft. Ihnen gebt ihr 6,000,000 fl. Abgaben; sie haben dafür die Mühe, euch zu regieren; d. h. sich von euch füttern zu lassen und euch eure Menschen- und Bürgerrechte zu rauben. Sehet, was die Ernte eures Schweißes ist.

Für das Ministerium des Innern und der Gerechtigkeitspflege werden bezahlt 1,110,607 Gulden. Dafür habt ihr einen Wust von Gesetzen, zusammengehäuft aus willkürlichen Verordnungen aller Jahrhunderte, meist geschrieben in einer fremden Sprache. Der Unsinn aller vorigen Geschlechter hat sich darin auf Euch vererbt, der Druck, unter dem sie erlagen, sich auf euch fortgewälzt. Das Gesetz ist das Eigentum einer unbedeutenden Klasse von Vornehmen und Gelehrten, die sich durch ihr eignes Machwerk die Herrschaft zuspricht. Diese Gerechtigkeit ist nur ein Mittel, euch in Ordnung zu halten, damit man euch bequemer schinde; sie spricht nach Gesetzen, die ihr nicht versteht, nach Grundsätzen, von denen ihr nichts wißt, Urteile, von denen ihr nichts begreift. Unbestechlich ist sie, weil sie sich gerade teuer genug bezahlen läßt, um keine

Bestechung zu brauchen. Aber die meisten ihrer Diener sind der Regierung mit Haut und Haar verkauft. Ihre Ruhestühle stehen auf einem Geldhaufen von 461,373 Gulden (so viel betragen die Ausgaben für die Gerichtshöfe und die Kriminalkosten). Die Fräcke, Stöcke und Säbel ihrer unverletzlichen Diener sind mit dem Silber von 197,502 Gulden beschlagen (so viel kostet die Polizei überhaupt, die Gensdarmerie u.s.w.). Die Justiz ist in Deutschland seit Jahrhunderten die Hure der deutschen Fürsten. Jeden Schritt zu ihr müßt ihr mit Silber pflastern, und mit Armut und Erniedrigung erkauft ihr ihre Sprüche. Denkt an das Stempelpapier, denkt an euer Bücken in den Amtsstuben, und euer Wachestehen vor denselben. Denkt an die Sporteln für Schreiber und Gerichtsdiener. Ihr dürft euern Nachbar verklagen, der euch eine Kartoffel stiehlt; aber klagt einmal über den Diebstahl, der von Staatswegen unter dem Namen von Abgabe und Steuern jeden Tag an eurem Eigentum begangen wird, damit eine Legion unnützer Beamten sich von eurem Schweiße mästen: klagt einmal, daß ihr der Willkür einiger Fettwänste überlassen seid und daß diese Willkühr Gesetz heißt, klagt, daß ihr die Ackergäule des Staates seid, klagt über eure verlorne Menschenrechte: Wo sind die Gerichtshöfe, die eure Klage annehmen, wo die Richter, die rechtsprächen? – Die Ketten eurer Vogelsberger Mitbürger, die man nach Rokkenburg schleppte, werden euch Antwort geben.

Und will endlich ein Richter oder ein andrer Beamte von den Wenigen, welchen das Recht und das gemeine Wohl lieber ist, als ihr Bauch und der Mammon, ein Volksrat und kein Volksschinder sein, so wird er von den obersten Räten des Fürsten selber geschunden.

Für das Ministerium der Finanzen 1,551,502 fl.

Damit werden die Finanzräte, Obereinnehmer, Steuerboten, die Untererheber besoldet. Dafür wird der Ertrag eurer Äcker berechnet und eure Köpfe gezählt. Der Boden unter euren Füßen, der Bissen zwischen euren Zähnen ist besteuert. Dafür sitzen die Herren in Fräcken beisammen und das Volk steht nackt und gebückt vor ihnen, sie legen die Hände an seine Lenden und Schultern und rechnen aus, wie viel es noch tragen kann, und wenn sie barmherzig sind, so geschieht es nur, wie man ein Vieh schont, das man nicht so sehr angreifen will.

Für das Militär wird bezahlt 914,820 Gulden.

Dafür kriegen eure Söhne einen bunten Rock auf den Leib, ein Gewehr oder eine Trommel auf die Schulter und dürfen jeden Herbst einmal blind schießen, und erzählen, wie die Herren vom Hof, und die ungeratenen Buben vom Adel allen Kindern ehrlicher Leute vorgehen, und mit ihnen in den breiten Straßen der Städte herumziehen mit Trommeln und Trompeten. Für jene 900,000 Gulden müssen eure Söhne den Tyrannen schwören und Wache halten an ihren Palästen. Mit ihren Trommeln übertäuben sie eure Seufzer, mit ihren Kolben zerschmettern sie euch den Schädel, wenn ihr zu denken wagt, daß ihr freie Menschen seid. Sie sind die gesetzlichen Mörder, welche die gesetzlichen Räuber schützen, denkt an Södel! Eure Brüder, eure Kinder waren dort Brüder- und Vatermörder.

Für die Pensionen 480,000 Gulden.

Dafür werden die Beamten aufs Polster gelegt, wenn sie eine gewisse Zeit dem Staate treu gedient haben, d. h. wenn sie eifrige Handlanger bei der regelmäßig eingerichteten Schinderei gewesen, die man Ordnung und Gesetz heißt.

Für das Staatsministerium und den Staatsrat 174,600 Gulden.

Die größten Schurken stehen wohl jetzt allerwärts in Deutschland den Fürsten am nächsten, wenigstens im Großherzogtum: Kommt ja ein ehrlicher Mann in einen Staatsrat, so wird er ausgestoßen. Könnte aber auch ein ehrlicher Mann jetzo Minister sein oder bleiben, so wäre er, wie die Sachen stehn in Deutschland, nur eine Drahtpuppe, an der die fürstliche Puppe zieht und an dem fürstlichen Popanz zieht wieder ein Kammerdiener oder ein Kutscher oder seine Frau und ihr Günstling, oder sein Halbbruder – oder alle zusammen. In Deutschland stehet es jetzt, wie der Prophet Micha schreibt, Kap. 7., V. 3 und 4: »Die Gewaltigen raten nach ihrem Mutwillen, Schaden zu tun, und drehen es, wie sie es wollen. Der Beste unter ihnen ist wie ein Dorn, und der Redlichste wie eine Hecke.« Ihr müßt die Dörner und Hecken teuer bezahlen; denn ihr müßt ferner für das großherzogliche Haus und den Hofstaat 827,772 Gulden bezahlen.

Die Anstalten, die Leute, von denen ich bis jetzt gesprochen, sind nur Werkzeuge, sind nur Diener. Sie tun nichts in ihrem Namen, unter der Ernennung zu ihrem Amt, steht ein L. das bedeutet *Ludwig* von Gottes Gnaden und sie sprechen mit Ehrfurcht: »im Namen des Großherzogs.« Dies ist ihr Feldgeschrei, wenn sie euer Gerät versteigern, euer Vieh wegtreiben, euch in den Kerker werfen. Im Namen des Großherzogs sagen sie, und der Mensch, den sie so nennen, heißt: unverletzlich, heilig, souverain, königliche Hoheit. Aber tretet zu dem Menschenkinde und blickt durch seinen Fürstenmantel. Es ißt, wenn es hungert, und schläft wenn sein Auge dunkel wird. Sehet, es kroch so nackt und weich in die Welt, wie ihr und wird so hart und steif hinausgetragen, wie ihr, und doch hat es seinen Fuß auf [eurem] Nacken, hat 700,000 Menschen an seinem Pflug, hat Minister die verantwortlich sind, für das, was [es] tut, hat Gewalt über euer Eigentum durch die Steuern, die es ausschreibt, über euer Leben, durch die Gesetze, die es macht, es hat adliche Herrn und Damen um sich, die man Hofstaat heißt, und seine göttliche Gewalt vererbt sich auf seine Kinder mit Weibern, welche aus eben so übermenschlichen Geschlechtern sind.

Wehe über euch Götzendiener! – Ihr seid wie die Heiden, die das Krokodill anbeten, von dem sie zerrissen werden. Ihr setzt ihm eine Krone auf, aber es ist eine Dornenkrone, die ihr euch selbst in den Kopf drückt; ihr gebt ihm ein Szepter in die Hand, aber es ist eine Rute, womit ihr gezüchtigt werdet; ihr setzt ihn auf euern Thron, aber es ist ein Marterstuhl für euch und eure Kinder. Der Fürst ist der Kopf des Blutigels, der über euch hinkriecht, die Minister sind seine Zähne und die Beamten sein Schwanz. Die hungrigen Mägen aller vornehmen Herren, denen er die hohen Stellen verteilt, sind Schröpfköpfe, die er dem Lande setzt. Das L. was unter seinen Verordnungen steht, ist das Malzeichen des Tieres, das die Götzendiener unserer Zeit anbeten. Der Fürstenmantel ist der Teppich, auf dem sich die Herren und Damen vom Adel und Hofe in ihrer Geilheit übereinander wälzen – mit Orden und Bändern decken sie ihre Geschwüre und mit kostbaren Gewändern bekleiden sie ihre aussätzigen Leiber. Die Töchter des Volks sind ihre Mägde und Huren, die Söhne des Volks ihre Laquaien und Soldaten. Geht einmal nach Darmstadt und seht, wie die Herren sich für euer Geld dort lustig machen, und erzählt dann euern hungernden Weibern und Kindern, daß ihr Brot an fremden Bäuchen herrlich angeschlagen sei, erzählt ihnen von den schönen Kleidern, die in ihrem Schweiß gefärbt, und von den zierlichen Bändern, die aus den Schwielen ihrer Hände geschnitten sind, erzählt von den stattlichen Häusern, die aus den Knochen des Volks gebaut sind; und dann kriecht in eure rauchigen Hütten und bückt euch auf euren steinichten Äckern, damit eure Kinder auch einmal hingehen können, wenn ein Erbprinz mit einer Erbprinzessin für einen andern Erbprinzen Rat schaffen will, und durch die geöffneten Glastüren das Tischtuch sehen, wovon die Herren speisen und die Lampen riechen, aus denen man mit dem Fett der Bauern illuminiert. Das alles duldet ihr, weil euch Schurken sagen: »diese Regierung sei Gott.« Diese Regierung ist nicht von Gott, sondern vom Vater der Lügen. Diese deutschen Fürsten sind keine rechtmäßige Obrigkeit, sondern die rechtmäßige Obrigkeit, den deutschen Kaiser, der vormals vom Volke frei gewählt wurde, haben sie seit Jahrhunderten verachtet und endlich gar verraten. Aus Verrat und Meineid, und nicht aus der Wahl des Volkes ist die Gewalt der deutschen Fürsten hervorgegangen, und darum ist ihr Wesen und Tun von Gott verflucht; ihre Weisheit ist Trug; ihre Gerechtigkeit ist Schinderei. Sie zertreten das Land und zerschlagen die Person des Elenden. Ihr lästert Gott, wenn ihr einen dieser Fürsten einen Gesalbten des Herrn nennt, das heißt: Gott habe die Teufel gesalbt und zu Fürsten über die deutsche Erde gesetzt. Deutschland, unser liebes Vaterland, haben diese Fürsten zerrissen, den Kaiser, den unsere freien Voreltern wählten, haben diese Fürsten verraten und nun fordern diese Verräter und Menschenquäler Treue von euch! – Doch das Reich der Finsternis neiget sich zum Ende. Über ein Kleines und Deutschland, das jetzt die Fürsten schinden, wird als ein *Freistaat* mit einer vom Volk gewählten Obrigkeit wieder auferstehn. Die heilige Schrift sagt: Gebet dem Kaiser, was des Kaisers ist. Was ist aber dieser Fürsten, der Verräter? – *Das Teil von Judas!*

Für die Landstände 16,000 Gulden.

Im Jahr 1789 war das Volk in Frankreich müde, länger die Schindmähre seines Königs zu sein. Es erhob sich und berief Männer, denen es vertraute, und die Männer traten zusammen und sagten, ein König sei ein Mensch wie ein anderer auch, er sei nur der erste Diener im Staat, er müsse sich vor dem Volk verantworten und wenn er sein Amt schlecht verwalte, könne er zur Strafe gezogen werden. Dann erklärten sie die Rechte des Menschen: »Keiner erbt vor dem andern mit der Geburt ein Recht oder einen Titel, keiner erwirbt mit dem Eigentum ein Recht vor dem andern. Die höchste Gewalt ist in dem Willen Aller oder der Mehrzahl. Dieser Wille ist das Gesetz, er tut sich kund durch die Landstände oder die Vertreter des

Volks, sie werden von Allen gewählt und Jeder kann gewählt werden; diese Gewählten sprechen den Willen ihrer Wähler aus, und so entspricht der Wille der Mehrzahl unter ihnen dem Willen der Mehrzahl unter dem Volke; der König hat nur für die Ausübung der von ihnen erlassenen Gesetze zu sorgen.« Der König schwur dieser Verfassung treu zu sein, er wurde aber meineidig an dem Volke und das Volk richtete ihn, wie es einem Verräter geziemt. Dann schafften die Franzosen die erbliche Königswürde ab und wählten frei eine neue Obrigkeit, wozu jedes Volk nach der Vernunft und der heiligen Schrift das Recht hat. Die Männer, die über die Vollziehung der Gesetze wachen sollten, wurden von der Versammlung der Volksvertreter ernannt, sie bildeten die neue Obrigkeit. So waren Regierung und Gesetzgeber vom Volk gewählt und Frankreich war ein Freistaat.

Die übrigen Könige aber entsetzten sich vor der Gewalt des französischen Volkes, sie dachten, sie könnten alle über der ersten Königsleiche den Hals brechen und ihre mißhandelten Untertanen möchten bei dem Freiheitsruf der Franken erwachen. Mit gewaltigem Kriegsgerät und reisigem Zeug stürzten sie von allen Seiten auf Frankreich und ein großer Teil der Adligen und Vornehmen im Lande stand auf und schlug sich zu dem Feind. Da ergrimmte das Volk und erhob sich in seiner Kraft. Es erdrückte die Verräter und zerschmetterte die Söldner der Könige. Die junge Freiheit wuchs im Blut der Tyrannen und vor ihrer Stimme bebten die Throne und jauchzten die Völker. Aber die Franzosen verkauften selbst ihre junge Freiheit für den Ruhm, den ihnen Napoleon darbot, und erhoben ihn auf den Kaiserthron. – Da ließ der Allmächtige das Heer des Kaisers in Rußland erfrieren und züchtigte Frankreich durch die Knute der Kosacken und gab den Franzosen die dickwanstigen Bourbonen wieder zu Königen, damit Frankreich sich bekehre vom Götzendienst der erblichen

Königsherrschaft und dem Gotte diene, der die Menschen frei und gleich geschaffen. Aber als die Zeit seiner Strafe verflossen war, und tapfere Männer im Julius 1830 den meineidigen König Karl den Zehnten aus dem Lande jagten, da wendete dennoch das befreite Frankreich sich abermals zur *halberblichen* Königsherrschaft und band sich in dem Heuchler Louis Philipp eine neue [Z]uchtrute auf. In Deutschland und ganz Europa aber war große Freude als der zehnte Karl vom Thron gestürzt ward, und die unterdrückten deutschen Länder richteten sich zum Kampf für die Freiheit. Da ratschlagten die Fürsten, wie sie dem Grimm des Volkes entgehen sollten und die listigen unter ihnen sagten: Laßt uns einen Teil unserer Gewalt abgeben, daß wir das Übrige behalten. Und sie traten vor das Volk und sprachen: Wir wollen euch die Freiheit schenken um die ihr kämpfen wollt. – Und zitternd vor Furcht warfen sie einige Brocken hin und sprachen von ihrer Gnade. Das Volk traute ihnen leider und legte sich zur Ruhe. – Und so ward Deutschland betrogen wie Frankreich.

Denn was sind diese Verfassungen in Deutschland? Nichts als leeres Stroh, woraus die Fürsten die Körner für sich herausgeklopft haben. Was sind unsere Landtage? Nichts als langsame Fuhrwerke, die man einmal oder zweimal wohl der Raubgier der Fürsten und ihrer Minister in den Weg schieben, woraus man aber nimmermehr eine feste Burg für deutsche Freiheit bauen kann. Was sind unsere Wahlgesetze? Nichts als Verletzungen der Bürger- und Menschenrechte der meisten Deutschen. Denkt an das Wahlgesetz im Großherzogtum, wornach keiner gewählt werden kann, der nicht hoch begütert ist, wie rechtschaffen und gutgesinnt er auch sei, wohl aber der Grolmann, der euch um die zwei Millionen bestehlen wollte. Denkt an die Verfassung des Großherzogtums. – Nach den Artikeln derselben ist der Großherzog unverletzlich, heilig und unverantwortlich. Seine Würde ist erblich in seiner Familie, er hat das Recht Krieg zu führen und ausschließliche Verfügung über das Militär. Er beruft die Landstände, vertagt sie oder löst sie auf. Die Stände dürfen keinen Gesetzes-Vorschlag machen, sondern sie müssen um das Gesetz bitten, und dem Gutdünken des Fürsten bleibt es unbedingt überlassen, es zu geben oder zu verweigern. Er bleibt im Besitz einer fast unumschränkten Gewalt, nur darf er keine neuen Gesetze machen und keine neuen Steuern ausschreiben ohne Zustimmung der Stände. Aber teils kehrt er sich nicht an diese Zustimmung, teils genügen ihm die alten Gesetze, die das Werk der Fürstengewalt sind, und er bedarf darum keiner neuen Gesetze. Eine solche Verfassung ist ein elend jämmerlich Ding. Was ist von Ständen zu erwarten, die an eine solche Verfassung gebunden sind? Wenn unter den Gewählten auch keine Volksverräter und feige Memmen wären, wenn sie aus lauter entschlossenen Volksfreunden bestünden?! Was ist von Ständen zu erwarten, die kaum die elenden Fetzen einer armseligen Verfassung zu verteidigen vermögen! – Der einzige Widerstand, den sie zu leisten vermochten, war die Verweigerung der zwei Millionen Gulden, die sich der Großherzog von dem überschuldeten Volke wollte schenken lassen zu Bezahlung seiner Schulden. – Hätten aber auch die Landstände des Großherzogtums genügende Rechte, und hätte das Großherzogtum, aber nur das Großherzogtum allein, eine wahrhafte Verfassung, so würde die Herrlichkeit doch bald zu Ende sein. Die Raubgeier in Wien und Berlin würden ihre Henkerskrallen ausstrecken und die kleine Freiheit mit Rumpf und Stumpf ausrotten. Das ganze deutsche Volk muß sich die Freiheit erringen. Und diese Zeit, geliebte Mitbürger, ist nicht ferne. – Der Herr hat das schöne deutsche Land, das viele Jahrhunderte das herrlichste Reich der Erde war, in die Hände der fremden und einheimischen Schinder gegeben, weil das Herz des deutschen Volkes von der Freiheit und Gleichheit seiner Voreltern und von der Furcht des Herrn abgefallen war, weil ihr dem Götzendienste der vielen Herrlein, Kleinherzoge und Däumlings-Könige euch ergeben hattet.

Der Herr, der den Stecken des fremden Treibers Napoleon zerbrochen hat, wird auch die Götzenbilder unserer einheimischen Tyrannen zerbrechen durch die Hände des Volks. Wohl glänzen diese Götzenbilder von Gold und Edelsteinen, von Orden und Ehrenzeichen, aber in ihrem Innern *stirbt der Wurm nicht und ihre Füße sind von Lehm.* – Gott wird euch Kraft geben ihre Füße zu zerschmeißen, sobald ihr euch bekehret von dem Irrtum eures Wandels und die Wahrheit erkennet: »daß nur Ein Gott ist und keine Götter neben ihm, die sich Hoheiten und Allerhöchste, heilig und unverantwortlich nennen lassen, daß Gott alle Menschen frei und gleich in ihren Rechten schuf und daß keine Obrigkeit von Gott zum Segen verordnet ist, als die, welche auf das Vertrauen des Volkes sich gründet und vom Volke ausdrücklich oder stillschweigend erwählt ist; daß dagegen die Obrigkeit, die Gewalt, aber kein Recht über ein Volk hat, nur *also* von Gott ist, wie der Teufel auch von Gott ist, und daß der Gehorsam gegen eine solche Teufels-Obrigkeit nur so lange gilt, bis ihre Teufelsgewalt gebrochen werden kann; – daß der Gott, der ein Volk durch Eine Sprache zu Einem Leibe vereinigte, die Gewaltigen die es zerfleischen und vierteilen, oder gar in dreißig Stücke zerreißen, als Volksmörder und Tyrannen hier zeitlich und dort ewiglich strafen wird, denn die Schrift sagt: was Gott vereinigt hat, soll der Mensch nicht trennen; und daß der Allmächtige, der aus der Einöde ein Paradies schaffen kann, auch ein Land des Jammers und des Elends wieder in ein Paradies umschaffen kann, wie unser teuerwertes Deutschland war, bis seine Fürsten es zerfleischten und schunden.«

Weil das deutsche Reich morsch und faul war, und die Deutschen von Gott und von der Freiheit abgefallen waren, hat Gott das Reich zu Trümmern gehen lassen, um es zu einem

Freistaat zu verjüngen. Er hat eine Zeitlang »den Satans-Engeln Gewalt gegeben, daß sie Deutschland mit Fäusten schlügen, er hat den Gewaltigen und Fürsten, die in der Finsternis herrschen, den bösen Geistern unter dem Himmel, (Ephes. 6) Gewalt gegeben, daß sie Bürger und Bauern peinigten und ihr Blut aussaugten und ihren Mutwillen trieben mit Allen, die Recht und Freiheit mehr lieben als Unrecht und Knechtschaft«. – – Aber ihr Maß ist voll!

Sehet an das von Gott gezeichnete Scheusal, den König Ludwig von Baiern, den Gotteslästerer, der redliche Männer vor seinem Bilde niederzuknien zwingt, und die, welche die Wahrheit bezeugen, durch meineidige Richter zum Kerker verurteilen läßt; das Schwein, das sich in allen Lasterpfützen von Italien wälzte, den Wolf, der sich für seinen Baals-Hofstaat für immer jährlich fünf Millionen durch meineidige Landstände verwilligen läßt, und fragt dann: »Ist das eine Obrigkeit von Gott zum Segen verordnet?«

Ha! du wärst Obrigkeit von Gott?
  Gott spendet Segen aus;
Du raubst du schindest, kerkerst ein,
  Du nicht von Gott, Tyrann!

Ich sage euch: sein und seiner Mitfürsten Maß ist voll. Gott, der Deutschland um seiner Sünden willen geschlagen hat durch diese Fürsten, wird es wieder heilen. »Er wird die Hecken und Dörner niederreißen und auf einem Haufen verbrennen.« Jesaias 27,4.

So wenig der Höcker noch wächset, womit Gott diesen König Ludwig gezeichnet hat, so wenig werden die Schandtaten dieser Fürsten noch wachsen können. Ihr Maß ist voll. Der Herr wird ihre Zwingburgen zerschmeißen und in Deutschland wird dann Leben und Kraft, der Segen der Freiheit wieder erblühen. Zu einem großen Leichenfelde haben die Fürsten die deutsche Erde gemacht, wie Ezechiel im 37. Kapitel beschreibt: »Der Herr führte mich auf ein weites Feld, das voller Gebeine lag, und siehe, sie waren sehr verdorrt.« Aber wie lautet des Herrn Wort zu den verdorrten Gebeinen: »Siehe, ich will euch Adern geben und Fleisch lassen über euch wachsen, und euch mit Haut überziehen, und will euch Odem geben, daß ihr wieder lebendig werdet, und sollt erfahren, daß Ich der Herr bin.« Und des Herrn Wort wird auch an Deutschland sich wahrhaftig beweisen, wie der Prophet spricht: »Siehe, es rauschte und regte sich und die Gebeine kamen wieder zusammen, ein jegliches zu seinem Gebein. – Da kam Odem in sie und sie wurden wieder lebendig und richteten sich auf ihre Füße, und ihrer war ein sehr groß Heer.«

Wie der Prophet schreibet, also stand es bisher in Deutschland: eure Gebeine sind verdorrt, denn die Ordnung, in der ihr lebt, ist eitel Schinderei. 6 Millionen bezahlt ihr im Großherzogtum einer Handvoll Leute, deren Willkür euer Leben und Eigentum überlassen ist, und die anderen in dem zerrissenen Deutschland gleich also. Ihr seid nichts, ihr habt nichts! Ihr seid rechtlos. Ihr müsset geben, was eure unersättlichen Presser fordern, und tragen, was sie euch aufbürden. So weit ein Tyrann blicket – und Deutschland hat deren wohl dreißig – verdorret Land und Volk. Aber wie der Prophet schreibet, so wird es bald stehen in Deutschland: der Tag der Auferstehung wird nicht säumen. In dem Leichenfelde wird sichs regen und wird rauschen und der Neubelebten wird ein großes Heer sein.

Hebt die Augen auf und zählt das Häuflein eurer Presser, die nur stark sind durch das Blut, das sie euch aussaugen und durch eure Arme, die ihr ihnen willenlos leihet. Ihrer sind vielleicht 10,000 im Großherzogtum und Eurer sind es 700,000 und also verhält sich die Zahl des Volkes zu seinen Pressern auch im übrigen Deutschland. Wohl drohen sie mit dem Rüstzeug und den Reisigen der Könige, aber ich sage euch: Wer das Schwert erhebt gegen das Volk, der wird durch das Schwert des Volkes umkommen. Deutschland ist jetzt ein Leichenfeld, bald wird es ein Paradies sein. Das deutsche Volk ist Ein Leib ihr seid ein Glied dieses Leibes. Es ist einerlei, wo die Scheinleiche zu zucken anfängt. Wann der Herr euch seine Zeichen gibt durch die Männer, durch welche er die Völker aus der Dienstbarkeit zur Freiheit führt, dann erhebet euch und der ganze Leib wird mit euch aufstehen.

Ihr bücktet euch lange Jahre in den Dornäckern der Knechtschaft, dann schwitzt ihr einen Sommer im Weinberge der Freiheit, und werdet frei sein bis ins tausendste Glied.

Ihr wühltet ein langes Leben die Erde auf, dann wühlt ihr euren Tyrannen ein Grab. Ihr bautet die Zwingburgen, dann stürzt ihr sie, und bauet der Freiheit Haus. Dann könnt ihr eure Kinder frei taufen mit dem Wasser des Lebens. Und bis der Herr euch ruft durch seine Boten und Zeichen, wachet und rüstet euch im Geiste und betet ihr selbst und lehrt eure Kinder beten: »Herr, zerbrich den Stecken unserer Treiber und laß dein Reich zu uns kommen, das Reich der Gerechtigkeit. Amen.«

ZU DIESER AUSGABE

Die Textgestalt der hier abgedruckten Werke Georg Büchners beruht auf folgender Ausgabe: *Sämtliche Werke, Briefe und Dokumente in zwei Bänden*, herausgegeben von Henri Poschmann unter Mitarbeit von Rosemarie Poschmann, Frankfurt am Main: Deutscher Klassiker Verlag, 1992 bis 1999. Die Edition hat sämtliche Texte aus Handschriften und kritisch überprüften Erstdrucken neu erarbeitet. Die Orthographie der Vorlagen wurde behutsam dem heutigen Gebrauch angeglichen, bewahrt aber Büchners Eigenheiten und Interpunktion; offensichtliche Druckfehler wurden berichtigt. Jeweilige Abweichungen von den Druckvorlagen sind durch Klammern gekennzeichnet.

Alle Texte finden sich im ersten Band der Ausgabe, *Dichtungen*, bis auf *Der Hessische Landbote*, der dem zweiten Band, *Schriften, Briefe, Dokumente*, entstammt.

Dantons Tod konnte aus einer vollständigen und autorisierten Handschrift Büchners übernommen werden.

Von *Leonce und Lena* existieren nur bruchstückhafte handschriftliche Überlieferungen sowie zwei nicht autorisierte postume Drucke; keiner dieser Textzeugen stellt eine vom Autor sicher so gewollte Fassung dar. Die herangezogene Edition verwendet den von Ludwig Büchner herausgegebenen Band (*Nachgelassene Schriften*, Frankfurt am Main 1850) als Vorlage. Nicht zu vernachlässigende Abweichungen zum Erstdruck, besorgt durch Karl Gutzkow im *Telegraph für Deutschland* (Mai 1838), sind im Text durch Klammern gekennzeichnet.

Woyzeck wurde aus verschiedenen Handschriften Büchners rekonstruiert.

Zu *Lenz* existieren keine Originalhandschriften. Der durch Karl Gutzkow besorgte Erstdruck im *Telegraph für Deutschland*

(Januar 1839) liegt eine Abschrift durch Wilhelmine Jaeglé eines von Büchner nicht druckfertig hinterlassenen Originals zugrunde.

Der Hessische Landbote beruht auf dem Erstdruck, der ursprünglichen Flugschrift vom Juli 1834, einer Bearbeitung für den Druck von Büchners nicht überliefertem Manuskript.